李承遠 著

說話致勝，完美掌控局勢的
領袖級口才

提問說理 × 交際應酬 × 引薦祝賀 × 規勸拒絕，
從簡單表達到深度溝通，面對各種尷尬場合皆能應對自如

從社交場合到商務談判，從職場競爭到領導溝通；
全面提升你的口語影響力，
讓每一句話都能精準打動人心！

目 錄

前言
口才決定成就 —— 溝通力就是競爭力　　005

第一章
口才成就美好人生　　009

第二章
別讓舌頭拖累你 —— 鍛鍊口才的第一步　　023

第三章
口才表達的藝術：掌握溝通的關鍵技巧　　071

第四章
社交口才：如何在社交場合中遊刃有餘　　227

第五章
領導口才　　307

目錄

第六章
職場口才
319

第七章
商務談判口才
339

前言
口才決定成就 —— 溝通力就是競爭力

在職場與社會中，一個人是否擁有良好的口才，往往決定了他的事業高度與成就深度。無論是銷售員、經理、店員、部門負責人、團體領袖，甚至是教師、護士、醫師、律師、會計師、工程師等專業人士，都需要具備清晰明確的表達能力。能否以簡潔、有力且具說服力的語言來解釋專業知識、提供職業指導，直接影響到他人對我們專業能力的評價，也決定了我們能否在競爭激烈的環境中脫穎而出。

俗話說：「一言興邦，一言喪國。」語言的影響力不容小覷。在現代社會，各大企業、政府機關、金融機構及專業組織紛紛開設「溝通與口才」課程，正說明了良好口才已成為職場中不可或缺的核心競爭力。畢竟，思維再敏捷、能力再出眾，若無法清楚表達、有效說服，終究難以獲得他人的認同與支持。

口才學的核心 —— 溝通即影響力

口才學，是一門專門研究人際溝通與表達藝術的人文學科，涵蓋心理學、修辭學、邏輯學、社會學、哲學等多種領域。正如荀子所言：「言之無文，行而不遠。」如果說話缺乏邏輯與藝術性，則難以深入人心，達到有效溝通的目的。

更值得一提的是，口才不僅僅是一種實用技能，更是一門美學藝術。美學研究的是社會美、自然美與藝術美，而口才學則探討語言內

容、結構、語調、節奏、風度、服飾及場景的美感，這些要素交織在一起，使口語表達成為一種「語言的藝術」。正如《論語》所載：「辭達而已矣。」意思是，語言的價值不僅在於資訊的傳遞，更在於表達的精準與優雅，這正是口才學與美學相互結合的關鍵。

說話的力量 —— 一言九鼎，影響深遠

有句話說：「會說話的人運籌帷幄，不會說話的人徒增困擾。」從歷史上看，許多影響深遠的領袖人物，無一不是口才卓越的高手。古代如諸葛亮《出師表》以忠誠與智慧感動君主，唐太宗以「貞觀之治」的言談魅力收攬群臣，而近代如馬丁‧路德‧金恩的《我有一個夢》，更是以簡潔有力的話語激勵千萬人追求平等與自由。

在日常生活中，能言善道之人，不僅能迅速建立人脈、提升影響力，也能在關鍵時刻運用話語化解危機，創造機會。畢竟，世界上大多數的機會，都是透過溝通與談判爭取來的，而非單靠能力與努力。

培養卓越口才的關鍵

要在社會上發展得順風順水，光有知識與專業能力還不夠，還需具備優秀的溝通技巧。以下幾點，是提升口才不可忽略的要素：

■ **增強邏輯思維** —— 沒有邏輯的言談，只會顯得空泛無力。培養縝密的思考方式，讓自己的話語層次分明、條理清晰，才能贏得對方的信任與尊重。

- **提升說話節奏**──語速太快會讓人跟不上重點,太慢則容易讓人失去耐性,學會調整語速與停頓,讓對方能夠專注傾聽。
- **注重非語言溝通**──肢體語言、眼神交流與語調變化,能讓說話更具感染力。畢竟,溝通不只是語言,還包含情感的傳遞。
- **豐富詞彙與表達方式**──熟悉成語、典故與修辭手法,讓語言更生動有力,增添說服力與影響力。
- **多加實戰練習**──「熟能生巧」,口才的提升需要不斷練習,在各種場合積極發表。

良言一句三冬暖,惡語傷人六月寒

口才不只是職場競爭力,更是人際關係的潤滑劑。一句話可以化解衝突,也可以激勵人心;可以讓人心悅誠服,也可能讓人心生芥蒂。真正的口才高手,懂得在適當的時機,說出對方最想聽的話,同時不失原則與立場。

正如《詩經》所言:「言之無文,行而不遠。」說話的藝術,不僅在於清晰準確,更在於感染人心,影響世界。學會說話,就是學會成就自己!

前言 口才決定成就─溝通力就是競爭力

第一章
口才成就美好人生

　　口才在歷史上一直扮演著關鍵角色。在第二次世界大戰期間，一些西方人士曾將「語言」、「原子彈」與「金錢」並列，稱之為「世界三大影響力」。而在當今社會，則有人將「口才」、「經濟實力」與「科技」視為「三大戰略武器」，足見口才的重要性。

　　隨著全球化與社會變遷的加速，口才藝術的應用與研究愈發受到各界重視。無論是在商業、政治、教育或日常人際溝通中，良好的表達能力不僅能增強個人影響力，更能為事業與人生帶來突破性的發展。因此，培養優秀的口才，不僅是一種能力的提升，更是一種應對未來挑戰的重要策略。

第一章　口才成就美好人生

口才的關鍵作用與影響

口才是一種不可或缺的能力

在當今社會，溝通能力已成為衡量一個人綜合素養的重要標準。隨著全人教育的推廣，現代大學生應具備的不僅是專業知識，還包括良好的表達能力。試想，一個畢業生若開口表達便顯得詞不達意，如何能夠展現高水準的素養？即便孔子曾言：「君子訥於言而敏於行」，但在現代社會，言語與行動往往密不可分。例如：教師需要口語表達來傳授知識，律師依靠辯論來維護公義，企業家則透過溝通來洽談合作。無論從事何種職業，口才都是成功的關鍵要素之一，影響著職業發展與社會地位。

口才是爭取機遇的重要技術

在競爭激烈的社會中，優秀的口才能幫助個人創造機會，甚至改變人生軌跡。例如：一位對廣告學有深入研究的求職者，透過與企業經理的對話展現自身專業，而未曾直接提出求職要求，最終獲得了對方的聘請。此外，一名應聘火柴廠的年輕人，儘管對該行業毫無經驗，卻透過詳實的市場調查與流暢的表達脫穎而出。這些案例證明，良好的口才能讓人迅速吸引注意、展現能力，為自己創造難得的機遇。

口才是生活中的必備要素

　　語言不僅是人類交流的工具，更是精神層面的重要支柱。當人無法清楚表達自己的想法或情感時，往往會感到挫折與痛苦。而擁有良好口才的人，不僅能夠有效傳遞資訊，還能促進人際關係，消除誤解與隔閡。他們能夠活躍於社交場合，使原本陌生的人迅速建立連繫，甚至能透過言語帶來鼓舞與慰藉。可見，口才不僅影響個人職業發展，也深深影響著日常生活與人際關係。

口才影響事業的成敗

　　許多關鍵性的機會往往取決於一次成功的對話。例如：美國政治家富蘭克林曾在自傳中提及，他因朋友的忠告而改變說話方式，避免使用過於絕對的詞語，並學會更謙遜地表達自己的觀點。這種說話技巧的轉變，使他在政治生涯中更具影響力，最終成為美國歷史上舉足輕重的人物。這說明，一場有效的對話，足以決定一個人的發展方向。因此，擁有靈活的口才與適當的說話技巧，是職場與事業成功的重要基石。

口才是人際關係的潤滑劑

　　在人際交往中，良好的口才能夠增強自信，使人更容易受到他人尊重。然而，說話不僅要有條理，更要掌握適當的態度。表達意見時應保持謙遜，避免過度自誇或固執己見，以免引起反感。在職場上，除了勝任工作外，還需要透過語言營造愉快的氛圍，促進同事間的合作與理解。此外，在與他人交流時，尊重對方的發言權，並適時給予支持與鼓勵，這將有助於建立良好的人際關係與職場信譽。

第一章　口才成就美好人生

> 口才 —— 決定人生高度的關鍵能力副標：
> 掌握表達藝術，開啟成功之門

　　口才不僅是一種表達能力，更是人生成功的重要籌碼。無論在職場、社交場合或個人成長中，口才都發揮著無可取代的作用。良好的口才能幫助個人創造機會、提升人際關係、影響事業發展，甚至改變人生軌跡。因此，培養並精進口才，是邁向成功的重要關鍵。

口語表達的特性

口才的多元類型

由於職業的多元化，口才的類型也相應地呈現多樣性。根據口語表達的職業功能，口才可分為宣傳教育口才、知識傳授口才、推銷營業口才、文藝表演口才及日常交際口才等類型。而按照語氣和語言手段的不同，又可區分為敘述口才、質詢口才、抒情口才、演講口才及辯論口才等。其中，演講口才與辯論口才是最具綜合性的兩大類型，對個人的表達能力要求極高。

口語表達的綜合性

口語表達是一項高度綜合的活動，涉及多個層面：

系統性的綜合

口語表達涵蓋語音系統、聲調系統、肢體語言、聽眾互動等要素，這些要素彼此影響，共同塑造語言的傳遞效果。例如：當陶淵明在《歸去來兮辭》中吟誦「歸去來兮」時，他的語言表達融合了內心情感與文學修辭，既表達了對官場的決絕，也流露出歸隱田園的喜悅。這種語言與情感的統一，正是口語表達綜合性的展現。

調動能力的綜合

口語表達不僅是語言的輸出，更是一種對個人知識、思維與情感的

第一章　口才成就美好人生

綜合調動。優秀的表達者能夠在短時間內將所學、所見、所感迅速組織成語言，並以適當的方式表達。例如：李白的《蜀道難》開篇「噫吁嚱，危乎高哉！」若以現代語音讀之，難以傳達其震撼力。但若依據古音學習如何調整語音，就能更具表現力，這種知識的調動與應用，正是語言表達的精髓。

表現手段的綜合

口語表達相較於書面語，更具傳聲性與表情性。語音的高低、強弱，語速的快慢，甚至語氣的細微變化，都能影響話語的表達效果。例如：宋代王沔以出色的朗讀技巧，使文章即便內容平庸，也能讓聽眾留下深刻印象，展現了語音藝術的魅力。

語言思維的同步性

口語表達與思維活動同步進行，表達者在思考時必須迅速組織語言，使之符合交流需求。在現場溝通時，表達者需即時調整內容，使語意完整、語流順暢，避免出現語塞或表達不清的情況。例如：在即興演講中，若思維滯後，則容易造成表達遲緩，影響演講的流暢度與說服力。

言語形式的簡散性

口語表達往往比書面語更為簡略，因其受時間與情境的影響，不會刻意雕琢句子結構。例如：日常對話中人們傾向於使用短句、省略詞或不完整句，這種現象被稱為語言的「簡散性」。然而，簡略並不代表表達能力低下，若能掌握語言的簡練之道，仍可有效傳遞資訊。例如：蘇東

坡提出「三分詩，七分讀」，即強調語音表達對詩意的補充作用。

口語傳播的暫留性

　　口語傳播以聲波為媒介，其特點在於即時性與短暫性。相較於書面文字，口語資訊無法長久保留，因此表達者必須確保內容清晰、語速適中，並透過重複、強調等技巧來加深聽眾印象。例如：在演講或辯論時，演講者需適時運用強調句與停頓，讓聽眾更容易記住關鍵觀點。

表達過程的臨場性

　　口語表達往往發生在特定時空與現場氛圍之下，因此受環境與聽眾的影響較大。例如：在談判場合，說話者需根據對方的反應隨機應變，調整語氣與措辭，才能掌握溝通的主動權。魯迅在《風波》中描寫七斤嫂因局勢變化而前後矛盾，展現了語言與環境相互作用的特性，也反映出口語表達的即時性與不可逆性。

口語表達 ── 影響力與機遇的橋梁

　　口語表達不僅是一門技術，更是一種綜合能力。它涉及語音、語法、語義、修辭、肢體語言等多個層面，並且與思維、情感、知識背景緊密相連。在現代社會，無論是職場溝通、學術交流，還是日常社交，優秀的口才都是不可或缺的技能。因此，不斷提升口語表達能力，不僅能增強個人影響力，也能開拓更多機遇，讓自身在各種場域中遊刃有餘。

第一章　口才成就美好人生

提高口才的途徑與方法

建立正確的口才觀念

在歷史上，口才一直備受爭議。孔子將「言語」列為「德行、言語、政事、文學」四科之一，僅次於德行，可見其重要性。而在戰國時期，以蘇秦、張儀為代表的縱橫家更是憑藉卓越的辯才在政壇大放異彩。然而，歷史上也有人對此持批評態度，如北宋史學家司馬光認為，能言善辯的說客可能危害國家，稱其為「利口覆邦者」。即便在現代社會，也存在「口才是人才的一半」與「能言善辯不過是耍嘴皮子」這兩種截然不同的看法。

然而，將口才視為純粹的話術而忽略其與思維能力的關聯，是一種片面的觀點。優秀的口才往往來自清晰的邏輯、敏銳的判斷和豐富的知識，能夠幫助人們在資訊時代有效溝通。因此，我們應該拋棄過時的觀念，將「君子訥於言而敏於行」轉變為「君子善於言而又敏於行」，積極培養自己的口才能力，並將其視為重要的學習目標。

提升修養，「功夫在說外」

許多人誤以為口才僅僅是語言技巧，實則不然。良好的口才並非單靠靈活的嘴皮，而是建立在深厚的思想素養、道德觀念、知識涵養與社會經驗之上。正如教師需具備「學高為師，身正為範」的風範，出色的演說者也必須擁有廣博的見識、明確的立場與良好的品德。

朱熹在《觀書有感》中寫道：「問渠哪得清如許？為有源頭活水來。」這句詩形象地說明了，口才的「源頭活水」來自於不斷積累的知識與經驗。只有持續提升自身修養，才能讓言辭更具說服力，真正做到「口若懸河而不浮誇，義正詞嚴而不偏激」。

普遍練習與重點突破相結合

提高口才需要系統性的訓練。首先，我們應當透過廣泛的語言練習，掌握不同類型的口語表達方式，如交談、發言、問答、論辯與演講等。這些語體涵蓋了日常生活、職場溝通與正式場合的需求，對提升口才極為重要。

其次，我們應根據自身的特點與興趣，選擇某一類型進行深度訓練。例如：三國時期的曹丕在《典論‧論文》中提到：「文非一體，鮮能備善。」意思是，文學表達有多種風格，很少有人能兼善所有類型。因此，我們可以效法歷史名人，如邱吉爾擅長演講，林肯精於辯論，富蘭克林則長於機智應對，選擇適合自己的領域深入鑽研，達到專精的境界。

學習前人，勇於創新

中國歷史上不乏優秀的口才範例，例如蔡廚師機智辨冤、晏子出使楚國的精彩對答等，皆展現了卓越的語言運用能力。例如晏子在面對楚王的羞辱時，並未正面爭辯，而是透過「請君入甕」的方式，使楚王陷入自己設下的邏輯陷阱，最終反敗為勝。這些故事不僅展現了言語的力量，也提醒我們，在學習古人智慧的同時，更要注重思維的靈活運用與邏輯推理能力。

第一章　口才成就美好人生

然而，學習前人並不意味著生搬硬套，而是要在傳統智慧的基礎上勇於創新。優秀的口才應該具備鮮明性、生動性與靈活性，能夠根據不同的內容、場合與對象調整表達方式，達到最佳溝通效果。

從知識積累到自信表達，打造影響力溝通力

口才並非天生具備，而是透過學習、訓練與實踐而來。提升口才的關鍵在於樹立正確的觀念、增強自身修養、廣泛練習並深耕特定領域，並從歷史與現代案例中汲取智慧。唯有透過不斷學習與創新，才能使自己的表達更加精確、生動且富有感染力，成為真正具備影響力的溝通者。

口才目的實現的有效手段

建立良好的人際關係

心理學研究表明，在有效的溝通過程中，良好的人際關係是影響口才目的實現的重要因素。與人建立信任與親近感，能夠有效減少溝通障礙，提高說服力。因此，要提升口語交際的影響力，應先從人際關係的經營開始。

在社會心理學的理論中，人際關係的建立主要依賴兩個關鍵因素：**站在對方的立場思考問題**以及**塑造良好的第一印象**。前者能有效減少人際衝突，後者則能提高交際的成功率。

共情 —— 避免人際衝突的有效方法

共情（Empathy）是心理諮商領域的重要技術，指的是暫時拋開自身立場，從對方的角度去理解問題。美國心理學家羅傑斯（Carl Rogers）認為，共情不僅適用於心理諮商，也廣泛適用於日常人際交往。共情與同情不同，後者包含憐憫意味，而前者強調平等理解。因此，良好的口才應該建立在對他人心理的敏銳感知之上，做到：

- **了解交際對象的背景**：包括文化背景與社會角色，以選擇適當的溝通方式。
- **了解交際對象的動機**：不同的人際互動動機，如親和動機、成就動機、讚許動機等，會影響溝通的方向。

- **觀察對方的情緒狀態**：選擇對方情緒較為穩定的時機進行交流，能提高溝通效果。
- **解讀交際過程中的心理變化**：避免誤讀對方的言語資訊，並適時調整表達方式，以確保雙方溝通順暢。

非言語資訊在口才中的影響

除了語言內容本身，非言語行為（如面部表情、聲音語調、身體語言等）對溝通效果也有至關重要的影響。心理學家梅爾貝因（Mehrabian）研究發現，在溝通時：

- 7%的資訊來自語言本身
- 38%來自聲音語調
- 55%來自面部表情

這表明，在進行溝通時，若語言與非語言表達不一致，聽眾更傾向於相信後者。因此，培養良好的非語言表達技巧，能顯著提升口語表達的說服力與影響力。

主要的非語言表達方式

- **面部表情**：眼神、嘴角的微笑、皺眉等細微變化，能準確傳遞情緒。
- **身體語言**：如手勢、站姿、傾聽時的微微前傾，能增強說話的感染力。
- **聲音特徵**：語速、語調、音量的變化，能影響說話的情緒與說服力。例如：語速過快可能表現緊張，而語氣堅定則能增加話語的可信度。

印象管理與形象塑造

在口語交流中，給對方留下良好的第一印象，能為後續的交談奠定基礎。心理學研究顯示，第一印象一旦形成，往往會影響對方後續的評價。因此，掌握印象管理策略，能夠提升交際的成功率。

塑造良好第一印象的方法

外在形象管理

衣著得體、儀態端莊，有助於建立專業形象。

「SOLER」溝通模式

由心理學家艾根提出：

- S（Squarely）坐姿面對對方
- O（Open）保持開放的姿勢
- L（Lean）身體微微前傾，表現關注
- E（Eye Contact）適當的眼神接觸
- R（Relax）保持自然放鬆

適當的自我暴露

根據交際對象的熟悉程度，選擇合適的自我揭露層次。過早暴露過多私人資訊，可能會讓對方感到不適。

良好的傾聽技巧

傾聽是建立良好印象的重要方式。有效傾聽的技巧包括適時點頭、使用開放式問題、重述對方觀點等，以示尊重與共鳴。

特殊的印象管理策略

在某些情境下，人們會有意識地運用印象管理策略，以影響他人對自己的看法。社會心理學家瓊斯（Edward E. Jones）等人提出了幾種常見的印象管理策略，其中包括：

- **逢迎策略**：透過讚美或表達贊同來增進對方的好感。例如：在商業談判中，適時表達對對方企業文化的欣賞，能營造友好氛圍。
- **自我抬高**：強調自己的優勢，以建立專業形象。然而，這需要適度掌握，過度誇耀可能適得其反。
- **懇求策略**：適時表達自身的弱點與需求，以激發對方的同情與支持。例如：在求職面試時表達對企業的強烈興趣，並請求對方給予機會，能提高錄取機率。

溝通不只是說話，更是影響與連結的藝術

口才的目的不僅是清楚地表達思想，更在於影響他人、促成有效溝通。因此，除了語言技巧外，掌握人際關係經營、共情能力、非語言表達、印象管理等策略，才能真正實現良好的口才效果。透過這些有效手段，我們不僅能在各種場合中自信表達，也能在人際互動中更具影響力，讓溝通更加順暢與成功。

第二章
別讓舌頭拖累你——
鍛鍊口才的第一步

　　我們不見得每個人都是專業的老師,但每天都有無數時刻需要透過言語與人交流,例如父母教導子女、鄰居請教玫瑰修剪的方法、旅遊者討論最佳路線⋯⋯在這些日常對話中,清晰連貫的思考、強而有力的表達顯得至關重要。

　　當我們因表達不清而被誤解,或在重要場合因詞不達意錯失機會時,就會深刻體會到:「好口才,不僅是說話的技巧,更是影響力的關鍵。」擁有流暢的語言組織能力與溝通技巧,不僅能讓我們的觀點更具說服力,也能在人際關係、職場發展與生活互動中占得先機。

第二章　別讓舌頭拖累你—鍛鍊口才的第一步

說話的特點

說話與寫作相比，具有一些獨特的特點。透過比較兩者的異同，可以更清楚地理解口語表達的特性，進而提高說話能力。

現想現說，需快速組織語言

日常對話通常是即時發生的，例如聊天、打電話、即席回應等，大多數情況下並不需要過多考慮語言的組織。然而，當面對公開發言、辯論或即興演講時，說話者需要迅速決定：

- **內容**：說什麼？是否符合語境？
- **結構**：先說什麼？後說什麼？如何鋪陳？
- **措辭**：如何使表達精確、有條理？

由於即時性，說話者無法像寫作時那樣反覆推敲，因此要擁有一定的語言組織能力，才能在短時間內表達清晰有力的觀點。

說話無法修改，需謹慎表達

與寫作不同，說話一旦出口，便無法收回或修正。即便當場更正，聽眾仍然會記住最初的表達。因此，在口語表達時，須特別注意：

- **避免過於衝動的發言**：如情緒激動時的言語，可能造成誤解或衝突。
- **確保語意清晰**：不宜使用過於模糊的表達方式，以免造成誤解。
- **掌握即興調整技巧**：若發現自己說錯話，可透過補充說明或轉換話題來減少負面影響。

正因為說話無法修改，語言的準確性與表達技巧變得尤為重要。

說話容易受外界影響

口語交流是雙向互動的過程，說話者的表達方式往往受到環境、聽眾反應及對話氛圍的影響。例如：

- **正向影響**：當聽眾表現出專注、微笑點頭，說話者會受到鼓舞，表達更加流暢。
- **負向影響**：若聽眾心不在焉或反應冷淡，說話者可能會失去自信，影響表達效果。
- **語境影響**：不同場合適合不同的語言風格，如正式會議中的用語與朋友間的閒談大不相同。

這種互動特性要求說話者具備隨機應變的能力，根據現場情況調整語氣、語速及內容，以確保溝通效果最佳。

聲音的變化影響表達效果

語音的抑揚頓挫、語速快慢、音量強弱等，對於語意的傳遞有顯著影響。正如蘇東坡所說：「三分詩，七分讀」，語調的變化可以增強語言的表達力。例如：

- **適當停頓**：可以強調重點，讓聽眾有思考的時間。
- **音量調整**：提高音量可引起注意，降低音量可營造親密感。
- **語速控制**：快語速適合表達興奮情緒，慢語速則適合強調重要訊息。

豐富的聲音變化不僅能增強說話的感染力，也能掩蓋語言組織上的小缺陷，使表達更加流暢。

非語言表達增強溝通效果

除了語言本身，肢體語言、面部表情、手勢等非語言元素也是重要的表達手段。例如：

- **手勢**：增強語意的清晰度，如數數時用手指比劃。
- **眼神交流**：提升說服力，使聽眾感受到說話者的誠意。
- **面部表情**：強化語言的情感傳遞，例如微笑可以營造親和力，皺眉則表示困惑或不滿。
- **姿態**：開放的姿勢讓人感覺友好，自信的站姿能提高可信度。

這些輔助手段能讓說話更具感染力，使內容更容易被理解與接受。

語言的即時應變性

口語交流是一種即時互動的行為，說話者需要根據情境隨機應變。例如：

- **談話對象的變化**：與長輩交談時應用較正式的語言，而與朋友交流時則可較輕鬆。
- **話題的轉換**：當話題偏離原先的方向，說話者需要適時拉回重點。
- **情境的適應**：在不同文化或環境中，說話者需要調整表達方式，如跨文化交流時需避免使用過於本土化的詞彙。

即時應變能力是良好口才的重要組成部分，能夠幫助說話者在各種場合保持溝通的順暢性。

掌握語言組織、聲音控制與肢體運用，提升溝通影響力

說話與寫作不同，具有即時性、互動性、不可修改性及豐富的非語言表達方式。要成為優秀的口語表達者，需要培養快速組織語言的能力、掌握聲音與肢體語言的運用技巧，並學會根據環境與對象靈活調整說話方式。透過不斷練習與觀察，說話能力可以持續提升，從而在溝通與人際互動中發揮更大的影響力。

說話是一門科學與藝術

說話不僅是一門科學，也是一種藝術。善於說話的人能夠曉之以理，動之以情，使交流達到最佳效果。當他們進行演講或報告時，能夠讓現場氣氛活躍，使聽眾全神貫注，形成良好的互動。由於說話具有影響力和規律性，我們應該講究說話方式，以提升溝通效果。

現代科技提升了說話的重要性

說話的性質決定了我們必須注重表達技巧。隨著科技的進步，語音、視訊通訊等工具的普及，使得語言的傳播和記錄變得更加便捷，讓說話的重要性更加突顯。在這樣的背景下，如何在短時間內準確、高效地傳遞資訊，成為現代人不可忽視的課題。

社會發展要求高效的語言表達

現代社會強調速度與效率，人們的工作和生活節奏加快，說話的效率也變得至關重要。同樣的內容，有人能在短短一分鐘內清楚表達，而有些人卻需要三到四分鐘才能勉強講明白。這種效率上的差異，在工作、會議、商務談判等場景中尤為明顯。冗長的講話不僅浪費自己的時間，也會耗費聽眾的寶貴時間，影響溝通效果。

提升說話的準確度與影響力

　　語言的標準化與精確度，對於現代社會至關重要。不僅要說清楚、說明白，還要學會說得得體，使溝通更加順暢高效。說話應該避免過於書面化或艱澀難懂的詞彙，而應使用貼近日常生活的簡單明瞭語言，讓聽者能夠迅速理解。同時，表達方式要自然流暢，避免生硬或含糊不清，使資訊傳遞更具影響力。

說話能力是現代社會的必備技能

　　時代的變化使講究說話成為一種必要能力。過去，說話能力可能僅影響個人的社交範圍，但如今，它已成為影響職場發展、人際關係甚至個人形象的重要因素。無論是工作會議、商務談判，還是日常社交，良好的語言表達能力都能幫助我們更好地傳遞訊息，建立信任，提升影響力。因此，講究說話不僅是一種個人素養的提升，更是時代的需求，使我們能夠更有效地適應變化，提升溝通效率，促進人際交流，讓生活與工作更加順利。

說話影響人生，應當精益求精

　　說話不僅是一種基本的交流方式，更是一門需要持續學習與精進的技能。在現代社會，無論是個人發展、職場溝通，還是社會交往，良好的語言表達能力都能幫助我們更好地傳遞資訊、影響他人，甚至決定成敗。

第二章　別讓舌頭拖累你—鍛鍊口才的第一步

　　講究說話,不僅能提高溝通效率,也能讓我們在人際互動中更加自信、得體,建立良好的個人形象與專業素養。說話是一門科學,需要掌握邏輯性與條理性;說話也是一種藝術,需要靈活運用語氣、語調與肢體語言,使表達更具感染力。

　　隨著社會的不斷發展,人們對語言表達的要求也日益提高。因此,學會精確、清晰、有條理地說話,將成為個人提升競爭力的關鍵。唯有持續學習與練習,才能讓我們在各種場合中應對自如,達成有效溝通,開啟更加成功的人生。

看對象說話的必要性

　　說話要因人而異，對不同的對象，說話方式需要適當調整。相同的一句話，對不同的聽者可能產生完全不同的效果，甚至可能引發截然相反的反應。因此，能夠根據對象調整語言風格，不僅能提升溝通效率，還能避免不必要的誤解與衝突。

對不同性別的人應說不同的話

　　男女思考方式與心理特點不同，因此對話時需要考慮性別差異。例如：女性通常更在意外貌與年齡，對於稱讚美貌或身材的話語較為接受，而男性則較少關注這些話題，反而更重視成熟與能力的評價。同一句話，對男性或女性的影響可能完全不同，因此說話時需要謹慎選擇措辭，以避免造成不必要的誤會或不適。

對不同年齡的人應說不同的話

　　不同年齡層的人對話題的接受度有所不同。年輕人通常對生死話題較為淡然，但老年人則可能對此敏感，避免在老年人面前頻繁提及死亡或疾病話題，以免影響他們的心情。此外，年輕人與中年人、老年人的生活經歷與價值觀不同，交談時應根據他們的興趣與經歷選擇適當的話題，讓溝通更具親和力。

對不同教育程度的人應說不同的話

教育程度影響語言理解與表達方式。對於教育程度較高的人，語言可以較為正式、抽象，甚至可以運用比喻、典故等修辭手法。然而，與教育程度較低的人交流時，則應避免過於書面化的語言，而應使用更為直白、通俗的表達方式，確保對方能夠理解。例如：在人口普查時，對受過教育的人可直接問「您有配偶嗎？」但對未受過高等教育的群體，則應改用更口語化的「您有老伴嗎？」來確保順暢溝通。

對不同民族的人應說不同的話

語言與文化緊密相關，不同民族的人對某些詞彙與表達方式可能有不同的理解。例如：臺灣人習慣以「呷飽未？」作為寒暄，但對於外國人來說，這可能會被誤解為關心其經濟狀況或是否挨餓。因此，與不同國家的人交流時，應尊重其文化背景，避免使用可能引起誤會的習慣用語，以確保溝通順利。

對心境不同的人應說不同的話

人的情緒狀態會影響對話的接受程度。當一個人心情愉快時，即使聽到不中聽的話也可能一笑置之；然而，在情緒低落時，任何負面言語都可能加重其不適。因此，說話時應觀察對方的情緒狀態，避免在對方失意時提及得意之事，以免刺激對方的負面情緒。例如：對於婚姻大事尚未解決的人，不宜當面談論他人的婚禮或包紅包話題，以免引起對方的不適。

因時因地調整話語

同樣的話，在不同情境下也會產生不同的效果。說話時不僅要考慮對象的性別、年齡、文化背景與心境，還要根據場合適時調整語氣與內容。例如：在正式場合需要使用正式語言，而在輕鬆的社交環境中，則可以採取較為隨意、幽默的語氣，這樣才能讓溝通更加自然流暢。

說話的藝術在於靈活應變

說話並非簡單的詞語組合，而是一門關乎人際關係的藝術。只有學會根據對象、環境與情境靈活調整表達方式，才能真正實現有效的溝通。透過適當的措辭與恰當的語氣，我們不僅能夠傳達資訊，更能夠建立良好的人際關係，讓說話成為促進理解、傳遞善意的重要工具。

第二章　別讓舌頭拖累你—鍛鍊口才的第一步

看身分說話的重要性

在社會交際中，說話者的身分與聽話者的身分決定了語言的選擇與表達方式。不同的社會地位、輩分與背景，對同一句話可能產生截然不同的反應，因此，掌握根據身分調整說話方式的技巧，對於維護人際關係、提升溝通效果至關重要。

身分指一個人的社會地位

每個人的社會地位不同，決定了他在交流時應有的語言風格與內容。例如：領導者說話往往含蓄、概括，具有指導性，而普通民眾則更直接、坦率，常表達個人觀點與情緒。同一句話，出自不同身分的人口中，影響可能截然不同。正如民間故事中朱元璋的兩位舊友，一位識時務，以臣子的身分迎合皇帝心理，得以封官；另一位則不顧皇帝的尊嚴，仍以昔日朋友的身分直言，最終惹怒朱元璋，招來殺身之禍。這個故事正是「看身分說話」的重要展現。

身分指一個人的輩分

在傳統文化中，輩分決定了說話的方式與語氣。對長輩應當尊敬，語氣要委婉而誠懇；對平輩要親切而真誠；對晚輩則應當以指導與關愛為主。例如：晚輩離開時應說「請留步」，而非「別送了，快回去吧」，因為後者缺乏對長輩的尊重。同樣，學生對老師、下屬對上級的語氣，也需符合尊卑有序的文化禮儀，以避免無意間失禮。

語氣的影響

語氣是影響語言得體與否的重要因素。一句話用不同的語氣表達，可能傳遞出截然不同的資訊。例如：學生對老師回答問題時，如果隨意使用「嗨！」的語氣，可能會被視為缺乏尊重。同樣，禮貌用語如「您好」或「謝謝」，如果語氣輕浮，反而會讓人感受到敷衍與不敬。因此，說話不僅要注意內容，更要注重語氣的掌控，以確保語言的合宜性。

用詞的得體性

不同身分的人對詞語的敏感度不同。例如：問年齡時，對小孩可以直接問「你幾歲了？」，但對成年人應問「您多大年紀？」，而對年長者則應問「您高壽？」、「您高齡？」。不恰當的詞語選擇，可能讓對方感到不被尊重，影響交流的和諧性。因此，在不同的場合，應根據對方的身分選擇適當的詞語，以確保對話的流暢與愉悅。

句子的表達方式

語句的結構與表達方式，決定了話語的得體與否。例如，一位學生對訪客說：「叔叔，您來了，我走了。」這樣的話聽起來像是在表達不滿，而若改為「叔叔，對不起，我有點事，先失陪了。」則顯得更為禮貌。同樣，在正式場合，應避免過於口語化的表達，例如給長者寫信時，「我在寫信給您」應改為「我寫信向您問候」，這樣才能展現應有的尊重。

第二章　別讓舌頭拖累你—鍛鍊口才的第一步

說話應因人而異

　　說話不僅僅是資訊的傳遞，更是一種藝術。根據身分選擇合適的語言與語氣，不僅能夠展現說話者的修養與智慧，更能有效促進人際關係與溝通的順暢。正如俗話所說：「見人說人話，見鬼說鬼話。」掌握得體的說話方式，才能在各種社交場合中遊刃有餘，避免因不合時宜的話語而造成不必要的誤解與衝突。

看場合說話的重要性

　　說話不僅要考慮對象與身分，還要根據場合來選擇合適的語言方式與內容。不同的場合有不同的氛圍與規範，同一句話在不同環境中可能會產生截然不同的效果。因此，能夠靈活應對場合，調整語言表達方式，是良好溝通的重要技巧。

正式與非正式場合的區別

　　正式場合需要嚴謹得體，言之有物，避免閒聊與隨意評論。例如：在會議、典禮、學術討論等場合，發言應事先準備，表達清晰有條理，避免即興發揮導致語無倫次。相反，非正式場合如家庭聚會、朋友聚餐，則可以輕鬆自然，話語可以更具生活化與幽默感，以促進交流的和諧氛圍。

內外有別的說話原則

　　在傳統文化中，「內外有別」是人際關係的重要準則。對於熟悉的親友或同事，話語可以較為直接，甚至有些玩笑話也是可以接受的。但在外人或陌生人面前，則需注意禮節與保留，避免無意間透露過多私人資訊，或在公共場合過於直言不諱，以免影響自身形象或引起不必要的誤解。

配合場合氛圍的語言選擇

在喜慶與悲傷的場合中,應選擇符合情境的語言。例如:在婚禮、生日宴等歡樂的場合,應多說祝福與讚美的話,避免提及不吉利或讓人掃興的話題。相反,在喪禮或病房探視時,應避免輕浮言語,並使用安慰與慰問的語句,以展現對當事人的關懷與尊重。

場合決定說話的長短

在時間緊迫或對方工作繁忙時,應簡明扼要,切勿長篇大論。例如:在辦公室內與上司溝通時,應直奔主題,避免不必要的閒談,以提高工作效率。而在較為輕鬆的社交聚會中,則可以適當地延展話題,讓交流更具互動性與趣味性。

合適的稱呼方式

不同場合對稱呼的要求也有所不同。在正式場合,應使用職稱或尊稱,如「經理」、「主任」、「教授」等,而非直呼其名,以顯示尊重。在非正式場合,如家庭或私人聚會,則可以使用較為親切的稱謂,如「叔叔」、「阿姨」,以拉近彼此距離。同樣,在法庭、學術研討等莊重場所,應避免過於親暱的稱呼,以維持應有的尊嚴與規範。

當事人在與不在的影響

批評或評價他人時,場合的選擇尤為重要。當事人在場時,應委婉且建設性地表達意見,以維護對方的尊嚴,避免直接衝突。而當事人不

在場時,雖然可以較為直率地表達看法,但仍需注意措辭與分寸,以免產生不必要的流言蜚語,影響人際關係。

場合影響幽默與體態語的適用性

幽默與體態語(如手勢、眼神交流)在不同場合的適用性也有所不同。例如:在朋友聚會或非正式場合,可以適當使用幽默來活躍氣氛,但在正式會議或學術場合,則應避免過度幽默,以維持專業與嚴肅的氛圍。同樣,體態語如拍肩、勾手等,在上級對下級或長輩對晚輩時較為常見,但若是下級對上級、小輩對長輩,則可能顯得不夠尊重,甚至令人反感。

根據場合靈活應對

說話是一門需要靈活應變的藝術,不僅要根據對象、身分,還要考量場合的適宜性。適當調整語言的內容、語氣與長短,能夠提升溝通的有效性,讓人際互動更為順暢和諧。掌握「看場合說話」的技巧,不僅能避免因言語不當而造成的尷尬,也能在各種社交場合中展現得體、睿智與高情商的形象。

第二章　別讓舌頭拖累你—鍛鍊口才的第一步

語言表達的策略：明確與模糊的平衡藝術

在日常溝通與社會交際中，語言的運用既要有明確性，也需要適度的模糊性。明確的語言有助於精確傳達資訊，避免誤解；而模糊語言則能提供靈活的表達方式，緩解衝突，增進人際和諧。因此，何時使用明確語言，何時使用模糊語言，取決於交際目的、場合與對象。以下探討幾種常見的語言策略。

明確與模糊的自然存在

語言中本就存在許多無法嚴格界定的詞彙，例如：

- **時間概念**：「早上」與「中午」的界線不明確，每個人的認知可能不同。
- **年齡範疇**：「青年」、「中年」與「老年」的範圍模糊，受社會文化影響。
- **形容詞**：「長與短」、「深與淺」、「肥與瘦」等相對概念，並無絕對標準。

這些模糊詞語廣泛應用於日常交流，幫助人們更自然地溝通。例如：

- 「這家店營業到很晚」比「這家店營業到凌晨兩點」更具彈性。
- 「這本書有點厚」比「這本書有500頁」更容易接受。

何時該用模糊語言？

某些情境下，模糊語言能讓表達更委婉、靈活，避免給對方壓力或引起衝突。

找人描述

如果請學生去尋找一位素未謀面的老師，直接提供「36 歲、身高 176 公分、體重 75 公斤」等資料，可能無法幫助學生快速辨認。但若改為「中年人，中等身材，微胖，戴黑框眼鏡，鼻梁較高」，學生較容易在人群中找到該老師。

約見他人

約見對方時，應使用模糊語言以示尊重。例如：

- 「明天上午八點三十五分準時來我家」語氣過於直接，可能讓對方感到壓力。
- 「請您明天上午過來，我在家等候您」則顯得更為禮貌。

提出批評

對學生或同事的批評應適度運用模糊詞，以減少對方的防禦心理。例如：

- 「你昨天一定沒複習！」直接斷言可能讓對方不悅。
- 「看起來你昨天可能沒有好好複習，是不是？」則較為婉轉，不會讓對方感到被指責。

外交場合

外交辭令經常運用模糊語言，以維持禮儀與靈活性。例如：當被邀請建立友好關係時，若無決策權，直接拒絕或答應皆不恰當。較理想的回應方式是：

- 「您的友好提議我會回去向校長和全體師生轉達。」這種回應既未明確承諾，也未直接拒絕，顯示誠意並保留討論空間。

何時該用明確語言？

有些場合則必須使用明確語言，以避免產生誤解或困擾。

回答問路

當行人詢問路線時，應提供清楚的方向。例如：

- 「往東、再往北、再往東」過於籠統，容易讓人迷路。
- 「沿著這條路往東走，遇到第一個十字路口向北轉，直走到博物館右轉後再向東，第一個十字路左轉直走就到總統府。」這樣的描述才具有實際可操作性。

提供商品資訊

服務業人員面對顧客需求時，應使用肯定語句。例如：

- 「這款商品有現貨，可以購買。」比「大概有貨吧？」更具說服力。
- 若無庫存，也應附帶解釋：「這款商品今天賣完了，但明天可能會進貨，您可以再來看看。」

領導者講話與語言模糊化

許多領導者在發言時傾向使用模糊語言，例如「我們會考慮」、「這個問題需要研究」等。這種語言策略有以下幾種可能的考量：

- **避免承諾過多責任**：若無法立即解決問題，使用「考慮考慮」等詞語可以爭取時間，不會讓人覺得被直接拒絕。
- **維持彈性**：當決策涉及多方協商，使用「研究研究」可以保留餘地，不讓話說得太死。
- **減少爭議**：直接點名批評容易引發反感，而使用較含蓄的語言則能避免負面影響。例如：

靈活運用明確與模糊語言

語言的運用是一門藝術，既要明確表達，也要適時模糊，才能達成良好的溝通效果。簡單來說：

- **需要精確資訊時**，如問路、服務業回答顧客問題、技術說明等，應使用明確語言。
- **需要維持人際關係時**，如邀約、批評、領導講話或外交場合，適度使用模糊語言能減少衝突並增進互動效果。

掌握這種語言策略，不僅能提高溝通效率，也能增強人際互動的圓融性，使對話更具影響力與說服力。

直諱委婉要得當

直言與委婉的平衡

有些人性格直率，與人交談時毫無保留，這類人往往能以誠相待，讓人感到親切易接近。而有些人則較為內斂，說話講究委婉含蓄，避免衝突，並留有餘地，展現出較高的言語藝術。這兩種溝通方式各有所長，關鍵在於如何運用得當。在彼此熟悉的情況下，直率溝通可以提高效率，減少誤會。然而，多數人仍然更傾向於接受含蓄、尊重且委婉的話語，因為它不僅顧及對方的感受，也能增進彼此的互動與理解。

避免直言傷人

直言不諱往往帶有強烈的刺激性，容易觸及對方的自尊心，使人產生反感，甚至導致矛盾升級。相較之下，委婉的話語則帶有禮貌與尊重，使聽者感到愉悅且易於接受。正如俗語所言：「良言一句三冬暖，惡語傷人六月寒。」即便是真話，也應考慮以適當的方式表達，使之更具說服力，而非造成對立。我們應當提倡「忠言不可逆耳，理直不可氣壯」，以柔和的方式傳遞真誠的建議，而非一味圖快言快語。

語境決定話語的得當性

在多數社交環境中，人們較少偏好過於直接的言語。例如：當人們參加喜慶場合時，通常期待聽到吉祥話，而非令人掃興的語句。魯迅在

《野草・立論》中便提及一個故事：一位富貴人家在孩子滿月宴上，有客人稱讚孩子未來定能飛黃騰達，另一人則說孩子將會發財，然而當另一位客人直言「這孩子將來終究會死」，立即引發不滿，甚至遭到毆打。這說明，無論話語內容是否真實，若未考量場合與聽者心理，可能會適得其反。相較之下，若以模糊但正向的方式表達，例如「這孩子將來一定大有可為」，不僅符合場合，也能讓聽者感到愉悅。

投其所好但不迎合

投其所好並非指迎合或逢迎，而是在合理範圍內體察對方的需求與心理。例如：售貨員應避免用反問句對待顧客，若顧客詢問：「這豆子多少錢？」若直接回應：「三十元一斤，請問您需要多少？」會讓顧客感受到尊重，較願意購買。但若冷淡地回答：「不會自己看標價嗎？」或是「態度一斤值多少錢？」這樣的語言不僅容易引發爭執，也會影響購物體驗。

優秀的服務人員能夠透過語言營造良好的氛圍。例如：當一位年長者進入店內，售貨員若微笑著問：「老先生，您想看看什麼呢？」比起「您想買什麼？」更加溫暖且無壓力，使顧客更願意逗留和選購。

教學中的語言藝術

在教學場合，教師的言語影響學生的學習態度。當學生回答問題不夠完整時，教師不應直接批評，而應以啟發式的語句來引導，例如：「這個回答可以更精確一些，哪位同學能再補充呢？」或「這個觀點很好，但我們可以再深入一些嗎？」這樣的語言不僅維護學生的自尊，也能提升學習的積極性。

批評與建議的表達技巧

直言不諱的批評往往難以被接受。例如：若向大學教授反映課程內容時，直接說：「你的課程太淺了，研究生都不愛聽這種內容。」可能會使對方不悅，甚至產生對立情緒。相較之下，若以委婉的方式表達：「您的課程內容十分精采，學生們很希望能聽到更多新研究與國際學術趨勢的分享。」這樣的表達方式不僅能讓對方感受到尊重，也能促進改善。

語言的心理影響

心理學研究顯示，語言能夠影響情緒，甚至影響病患的康復狀況。醫生若對病患說：「別擔心，這種病是可以治癒的，我們會盡全力幫助您。」病人往往會感到安心，對治療更具信心。然而，若醫生冷漠地說：「這種病你怎麼現在才來治療？病情已經很嚴重了。」病人可能會感到絕望，甚至影響康復進程。因此，語言不僅能治病，也可能「致病」，應當謹慎使用。

掌握語言的力度與溫度，讓交流更順暢、更有影響力

語言是人際溝通的重要工具，適當的語言運用能夠促進理解與和諧，而不得體的話語則可能造成誤解與對立。直言不諱雖能直達核心，但過於直接可能會傷害對方；委婉含蓄雖能讓人容易接受，但若過於模糊，則可能流於敷衍。因此，我們應根據不同場合、對象與情境，選擇適當的表達方式，使溝通更具成效，並促進人際關係的和諧發展。

說話的簡略與冗餘：適度運用的藝術

簡略與冗餘的平衡

語言的運用既可簡略，也可冗餘，而其選擇取決於聽話者的理解程度。過於簡略可能導致資訊不足，而適度的冗餘則能加強語氣，提高訊息的傳遞效果，甚至能增強聽者的印象。

冗餘的作用

減少聽者的心理疲勞

心理學研究指出，人專注於單一事物的時間僅約 11 秒。因此，演講者往往透過適度的重複與停頓，使聽者在張弛之間維持注意力，如使用「這個」、「那個」等口頭禪來緩衝資訊量。

填補思維停滯的空檔

當說話人的思維跟不上語言表達時，可能透過重複或口頭禪來填補語言空白。例如：教育程度較高者可能選擇短暫沉思，而教育程度較低者則可能無意識地重複詞語以維持言語交流。

避免語氣過於直接

在正式場合，冗餘語言有時能減少話語的直接性，避免傷害聽者感情。例如：一位學者在學術會議中談及研究方向的誤差時，透過「怎麼說呢？」等語句來修飾措辭，以減少批評的尖銳度。

禮貌用語的冗餘特性

禮貌用語往往具有較高的冗餘度，雖然不直接傳遞資訊，卻有助於促進人際關係。例如：

- 售貨員向未能買到商品的顧客道歉，並提供未來的購買建議，這比簡單的「沒有」更能降低顧客的不滿。
- 「你好」、「請」、「謝謝」等語言是雙向互動的，透過重複增進溝通的禮貌性。

然而，過度使用客套話也可能產生反效果。例如：一位售貨員對顧客連續使用過多的客套語，反而讓對方感到不自在。因此，禮貌語的運用應以真誠為前提，避免過度矯飾。

特殊心理狀態下的冗餘語言

情緒影響言語表達

在焦慮、悲傷或情感依戀的狀態下，人們往往會重複表達。例如：喪親者在悲傷時常向不同來訪者重複描述親人離世的過程，這種訴說有助於紓解內心壓力。

戀愛中的重複語言

情侶之間的語言冗餘度通常較高，重複表達愛意能增進情感，如「我會永遠愛你」這類話語常反覆出現。

長者的溝通需求

老年人通常希望與他人進行長時間的對話,以填補社交需求。耐心陪伴他們聊天,能讓他們感受到關懷。然而,對於病痛中的長者,則應避免過度談話,以免造成困擾。

調整語言冗餘度的策略

根據對象調整語言

例如:對於即將參加考試的學生,不同類型的學生需要不同的語言策略。過度用功的學生需要被提醒適度休息,而懶散的學生則需要更強調學習的重要性。

針對聽者需求調整表達方式

回應問題時,應優先解答關鍵資訊。例如:在問路時,直接回答地點比冗長的背景描述更有效率。

掌握冗餘與簡略的分寸,讓溝通更高效、更有溫度

語言的冗餘與簡略應根據場景、對象和溝通目的靈活調整。適當的冗餘能增強表達效果,提升人際互動的溫度,但過度的重複與客套則可能適得其反。因此,語言的運用應講求適度與精準,使溝通既流暢又具有效率。

第二章　別讓舌頭拖累你—鍛鍊口才的第一步

先說後說的藝術：從聽者角度出發

說話的順序不僅影響聽者的接受度，也反映出說話人的思維方式與價值觀。根據不同的情境，恰當安排先說與後說，可以更有效地達成溝通目的。

先潑冷水，後鼓勵

有時候，為了讓聽者保持理性，先指出問題，再進行鼓勵會更有效。例如：高一（三）班籃球隊贏得比賽後，班導師並未先讚揚，而是先批評衛生狀況不佳，讓學生們意識到在勝利之外仍有不足之處，從而保持全面發展的態度。這種「先抑後揚」的策略有助於提醒人們不因某一成就而忽略其他重要方面。

思想觀點的展現

語序的選擇能揭示一個人的價值取向。例如：戰國時期趙威后與齊國使者的對話，趙威后先關心收成，再問及百姓，最後才問候齊王，表明她認為國家的根本在於民生。使者則認為君王最重要，先提及齊王。這種先後次序的差異，反映出兩者不同的政治觀點：趙威后重視民生，而使者則將權力中心視為核心。

語序影響判斷

在法律或行政決策中，語序的改變可能影響結論。例如：在一宗貪汙案的批示中，原本「查無實據，事出有因」意指雖然沒有明確證據，但仍有可疑之處。然而，當此語句被改為「事出有因，查無實據」，則變成強調案件只是誤會，從而使嫌疑人得以脫罪。這顯示出語序在書面決策上的關鍵作用。

語序反映個人修養

在專業討論場合，語序安排不當可能給人留下傲慢的印象。例如：在口語調查座談會上，C 先生先批評調查方法，然後才介紹自己的研究成果，容易讓人覺得他是在貶低他人、抬高自己。若他先分享自己的研究成果，邀請他人交流意見，再談及調查中的問題，則顯得更具合作精神，容易讓人接受其建議。

調整語序以提升溝通效果

無論在日常對話、學術討論或決策制定中，合理安排「先說後說」能提升說話的說服力與接受度。透過先潑冷水後鼓勵、先提核心價值再談細節、避免語序影響判斷、以及調整語序以展現修養，能夠讓溝通更加流暢，並達成更佳的交流效果。

尋找雙方感興趣的話題：有效溝通的藝術

談話應是雙向互動

良好的對話就如同玩接球遊戲，應該是雙向的，而非單方面的獨白。成功的談話者不僅能吸引對方參與，還能讓對方感受到被尊重與重視。因此，在談話中，除了表達自己的想法，也應當關心對方的感受，確保話題對雙方都具有吸引力。

如何找到合適的話題

當發現談話陷入沉默，或對方對話題興趣不大時，可以嘗試改變切入點。例如：與其只是簡單地說：「今天天氣真好！」不如提出更具啟發性的問題，如：

- 為什麼今天的天氣特別舒服？
- 你認為這種氣候適合哪種戶外活動？
- 這種天氣讓你想到哪次特別的旅行嗎？

這些問題不僅能讓對話更具延展性，也能引導對方發表意見，避免談話迅速結束。

適應對方的興趣

每個人的興趣不同,如果對方對某個話題不感興趣,不妨嘗試不同方向。例如:

- 一位律師可能對非法移民問題沒興趣,但可能會對夏日潛水或鯨魚的生活習性感興趣。
- 在舞會上,如果對方較為內向,可以從共同的朋友、活動環境或近期熱門話題切入,逐步引導其參與談話。

若嘗試不同話題後仍無法引起對方興趣,可以觀察對方的肢體語言,甚至適時製造一些小插曲,如輕微的動作變化,讓對話重新展開。

滿足對方的自尊心

人類天生關心自己,當談話者願意關心對方的興趣、成就與想法時,對方更容易開口參與。例如:

- 「你最近在忙什麼?」
- 「你對這個議題的看法是?」
- 「你能舉個例子來說明你的想法嗎?」

這些問題不僅能讓對方感受到尊重,也能激發更深入的交流。心理學研究指出,當人們感覺自己被重視時,他們更容易投入談話,也更願意分享個人經驗。

第二章　別讓舌頭拖累你—鍛鍊口才的第一步

真正對別人感興趣

　　有效的溝通不只是技術，而是真誠的展現關懷。當我們願意了解他人的想法、需求與情感，並以適當的方式表達，我們不僅能建立良好的人際關係，也能讓談話變得更加生動有趣。

建立良好的互動溝通

　　成功的談話在於找到雙方都感興趣的話題，並透過尊重、傾聽與互動，讓對話更具深度與價值。掌握這些技巧，不僅能讓你成為受歡迎的談話者，也能在人際關係中建立更緊密的連結。

用語精練：掌握說話的核心技巧

言簡意賅，避免冗長

說話應該精練，避免冗詞贅句，否則容易變成自說自話，讓聽者失去興趣。如同《愛麗絲夢遊仙境》中那隻愛嘲笑的貓，話說得太多，反而讓人覺得無關緊要。

歷史上，亞歷山大·史密斯將軍的演講技巧勝過他的理論，他的對手亨利·格雷則反駁：「先生，你為現代說話，我為後代說話。」但如果聽眾無法接受你的話語，那麼無論是為誰說話，效果都將大打折扣。

避免無謂的重複

許多人有拖長話題的習慣，尤其在商業談話中更為明顯。他們習慣一再重複相同的觀點，既無助於溝通，也容易讓聽者感到厭煩。例如：一位學生在工廠調查時發現，只需兩滴黏膠便能完成的工序，工人卻用了五滴，不僅浪費材料，也增加了清理成本。同理，談話若過於冗長，不僅拖慢溝通效率，也讓聽者失去興趣。

掌握重點，避免細枝末節

某些人習慣鉅細靡遺地描述事情，導致話題冗長而失焦。例如：史密斯太太描述一件小事時，甚至連對方穿什麼衣服、金扣子等細節都描述得一清二楚。然而，真正有效的溝通應該聚焦於核心內容，而非無謂

的細節。如果你有短話長說的毛病，想像自己正在打昂貴的長途電話，你就會意識到哪些話該說、哪些話可以省略。

減少「我」的使用

談話時應避免過度使用「我」，這不僅會讓人覺得你過於自我中心，也容易讓對話變成單向輸出。例如：在某次花園俱樂部的聚會中，一位主人在短短三分鐘內說了 26 次「我」，讓人聽得不勝其煩。蘇格拉底曾說：「不要說『我想』，而是問對方：『您認為如何？』」這種方式能讓談話變得更加有互動性，提升溝通的效果。

掌握談話的節奏

談話應如同駕駛汽車，要適時注意「交通號誌」。聽者的表情與反應就是溝通中的「紅綠燈」：

- **紅燈**：聽者開始不耐煩，應該縮短談話或改變話題。
- **黃燈**：對方仍在聆聽，但專注力開始下降，應考慮結束或轉換話題。
- **綠燈**：聽者全神貫注，這時可以適度延伸討論。

如果忽略這些「交通號誌」，持續自顧自地說話，就像在擁擠的道路上不肯讓道，最終只會導致談話失敗。

笑話與幽默的適度

幽默是談話的潤滑劑，但過猶不及。有些人習慣不斷講笑話，卻忽略了對話的真正目的。例如：某位朋友的丈夫在聚會上不停地說笑話，導致原本的交流機會被浪費，最終離開時，雙方對彼此的近況仍然一無所知。

在劇場中，經理人會用掛鉤把拖時間的演員拉下臺。在現實中，當一個人過度講笑話，影響到對話的品質時，我們也應該學會適時結束話題，讓談話回到有價值的內容上。

結論：言簡意賅，讓談話更具價值

有效的談話應該注重：

- **去除冗言贅句**，聚焦核心內容。
- **避免重複**，減少不必要的細節。
- **控制「我」的使用**，讓對話更有互動性。
- **留意聽者反應**，適時調整談話長度與內容。
- **適度幽默**，但不讓笑話喧賓奪主。

精練的語言能讓談話更具吸引力，提高溝通效率，讓每一次對話都更具價值。

切勿打岔：良好溝通的藝術

在日常交流中，適當的互動與專注的聆聽能夠促進溝通的順暢，然而，**打岔**則是一種容易破壞談話節奏與氛圍的行為。雖然偶爾的插話可能是出於興奮或補充資訊，但頻繁且無關緊要的打岔，不僅會讓說話者感到不受尊重，甚至可能影響整體對話的品質。

打岔的影響與約翰‧洛克的觀點

英國哲學家約翰‧洛克曾說：「沒有比打岔別人說話更沒教養的行為。」這句話點出了打岔對於禮儀與溝通的重要性。當某人正在熱烈地分享想法，而旁人突然插入一個完全無關的問題，例如：「上星期天你不是也在約翰家嗎？」這樣的舉動不僅讓說話者感到被冒犯，也可能讓其他聽眾對此產生不滿。打岔不僅影響說話者的情緒，也可能讓整場談話變得混亂無序，甚至造成社交上的困擾。

如何避免不當打岔？

為了維持良好的談話秩序，我們應當遵守以下原則：

避免與話題毫不相干的問題

若談論的是工作計畫，卻突然插入與娛樂無關的話題，這會讓談話變得支離破碎。

避免發表無關緊要的個人意見

若對方正專注於講述一個故事,卻突然有人插話:「我覺得這沒什麼特別的。」這種行為容易讓對方感到被輕視。

避免重複他人已經說過的話

當對方已經明確表達觀點時,不應再用不同的方式重複相同的內容,以免影響談話流暢度。

避免「協助」講故事

若對方正在陳述事件,切勿急於幫他補充細節,讓他能夠完整表達自己的觀點。

避免打岔於瑣碎小事

這類情況在夫妻或親密關係中最為常見,例如在討論重要事項時,卻突然被對方打岔:「你今天沒洗碗哦?」這不僅影響溝通,也可能導致摩擦。

何時才是適當的打岔?

儘管大多數情況下應該避免打岔,但以下幾種情境下,適當的插話可能是必要且有益的:

談話時間過長,聽眾已經失去興趣

若說話者無意識地占據過多時間,讓聽眾感到疲憊,適時地轉換話題或引導結論能夠讓對話更具效益。

談話內容已經偏離原主題

若話題已經過度發散，不再與核心討論點相關，適當的打岔可以幫助對話回歸正軌。

當談話涉及人身攻擊或不當內容

若發現某人開始對他人進行侮辱、貶低或發表不適當的言論，適時介入並引導對話回到理性討論的層面，是一種維護溝通品質的善行。

專注聆聽，避免無謂打岔

良好的溝通不僅需要清晰表達，也需要專心聆聽。無謂的打岔容易讓談話失去連貫性，甚至影響人際關係。除非出現極端情況，例如對話過長、涉及攻擊性言論或失去焦點，否則我們應該學習耐心傾聽，尊重說話者，確保溝通的和諧與有效性。

避開無聊的話題

　　幾乎沒有人會對你的小孩、小狗、食物、收據、高爾夫球、健康狀況或其他勝利、家庭嘮叨感興趣吧！小狗、小孩可能使好萊塢超級巨星黯然失色，但眾人面前討論，恐怕難產生一點效果吧！記得有一次坐在一位精明的律師身旁，本來整個過程中他能夠以他在紐約的遭遇來逗樂大家，很不幸的是，他老兄卻花了幾乎一個小時的時間不斷地告訴我們他遺失的長毛狗。當他說話的時候，彷彿我可以看到每一個他找狗的痕跡，而聽眾的表情也變得跟長毛狗一樣——敗興的眼睛，雙耳低垂，全身乏力。

　　溫斯頓·邱吉爾覺得小孩子並不是談話的好題材，某次一位大使跟他說：「邱先生！上次跟您提過的孫子……」邱吉爾拍拍他的肩膀說：「我知道，親愛的大使，我沒辦法對您說我有多高興！」

避免攻擊別人

　　有一回，當我被介紹給一個聞名報紙的記者時，他有個好看的容貌，穿著夾克，下配條紋褲子，衣扣上插著一朵紅玫瑰。我的確看過他名字出現在各家有名的報紙，我告訴他我很欣賞他寫的每一段文章。他說：「你可知道你是第一個誇讚我的人，我專寫訃聞。」

　　談話安全與否全視周圍的人物、事物而定。例如政治、宗教、賽跑可能某些人津津樂道而某些人卻是缺少興趣的。選舉之前，人的脾氣往往都比較暴躁，在有代溝的時代中，某些年輕人的活動反應可能尤其激

烈。吉姆·柯道說：「戰術之要在於了解自己該走多遠」，除非你擁有喜歡爭吵的朋友（有些人喜歡，你是明白的），不然儘量避免提出足以令談話雙方發生敵意的話題。

避免侵犯他人的隱私。或許調查局這麼做，可是你卻不能這麼做，避免針對個人做偵察。我被一些不急著向女人問她們每日所得或年齡的事實覺得意外。一位我認識的老太太對這種問題處理得不錯。「你能保守祕密嗎？」老太太問。「那當然！」另外一人說。「那很好！我也能保守這個祕密！」老太太回答。

若是你減肥或戒菸成功了，告訴肥胖的人或老煙菸你怎麼做，這也是一項恩惠。可是假如你的話題很顯然會引起他人尷尬的話，千萬別急著說明細節。

不使用可能損及別人感情的話語，即使你認為它是無害的。我不明白今天人們對於種族或道德的中傷比過去更為敏感，但我了解他們反應是比較激烈了。在一次高階的選戰中，一位候選人不智地使用傷害少數民族的話語。雖說這些詞句可能並不偏頗，但已經造成這些少數選民心目中一段抹不掉的烙痕。

不要使用別人聽不懂的語言，不要讓自己的談話中出現骯髒的字眼。一些使碼頭工人吃驚的髒話，如今竟然可在文雅高尚的先生、女士口中出現，更別說在某些公共戲劇中演員們所講的話了。史基勒所謂的「天生較好的行動——性善」時下看來似乎有了問題，有些人認為性善已如西伯利亞的海牛滅種了。但我個人反對這種說法。「人依舊是人，依然保存著善良的人」一些講話的過失，只不過出自於考慮欠周或偶爾疏忽罷了。能為別人著想，仍然為今日的世人所讚譽。

切勿有意傷害他人

聖經說：「你不應該用假證據來逼迫鄰人」，雖說謠言跟奶油一般難以散布，可是卻有很多人喜歡散布謠言。

韋氏大辭典對饒舌的定義是背後說別人壞話。饒舌的動機出於開玩笑還無傷大雅。我所謂的饒舌係指傷人的部份來說。我們很有可能由於想知道事情何處著手而背後講好話，這原是無可厚非，可是不論我們是出於有意或無意，對於已經傷害到別人的饒舌，我們是再也沒有啥藉口的。有意地傷害別人的行為應屬卑鄙，無意而傷害到別人，那只能說我們說話太不小心。不論為炫耀自己而告訴他人所不知的隱祕或是基於忌妒而中傷別人都是我們所不屑的。

在經過一段有問必答的時間以後，我訪問一些婦女，是否饒舌正和男人所想像的是女人們的專利，或男士也有此癖好，我發覺了一個不變的回答——雖說男、女饒舌的數目幾乎相同，但女人顯然比較寬大，她們認為男、女饒舌基於惡意的情形比較少。

幾乎90%以上的談話是個人之間的閒聊。多數人覺得談話若不牽涉個人那就如同開水煮蛋不加鹽，或泡了水的酒。人們除了他自己以外，最大的興趣即是別人，為什麼他們不能夠提及他人呢？

因此我不希望你絕口不提在場的個人，可是一旦你發現你的話稍嫌不妥時我建議你內心默默背誦孔子說的「己所不欲，勿施與人」，但不必說出來。

若是你在公共場合清洗別人的髒衣服，換言之你說傷害別人的話，你將成為受害者的敵人。

討論並非爭論

約瑟夫・愛迪生說：「談話心平氣和比利用智慧更加適宜」。

只要是基於立足點平等的談話即是討論。而爭論是雙方動氣而猛烈地攻擊對方而又緊緊地保護自己，爭論是談話的仇敵。

說服和偏見的差別在於說服能夠不必生氣而令人信服。中國有一句俗語「先吼者失利」，這並不代表著堅持己見而動怒者一定錯，而是他沒辦法控制自己來表達他的心意。討論的原則為使用有利證據與溫和的語調。不要苦惱，不要沉默，試試用說服的方式。

只要我們保持冷靜，富幽默感，有理由；只要你願意聽我說，而我也願意聽你說；只要我們不是被動或對事情有偏見，則討論不會產生糾紛。但當雙方聲音變尖銳時，當「我認為這是十分愚笨的方法」變成無理智的謾罵；當我們看見旁觀者變得不耐煩；當我們的朋友避到棕櫚樹下避難時，雖然或許我們從爭論獲得了小利，卻失去了一個朋友。

爭論讓人們分開，討論使人們合一，爭論是野蠻的，討論是文明的。縱使有時候爭論吵嘴是友情與婚姻之中必經之途，發脾氣可以清除室內的低氣壓，但不論爭論或吵嘴最好都能夠在私底下進行。

一位午餐俱樂部的朋友，往往在事情的解釋方面不同意我的看法，例如什麼地方最先發現石洞藝術等等。

俱樂部中經常能夠提供令人滿意的答覆。可是，偶爾也有一些不能及時在餐桌上回答的問題，在那種狀況之下會員們會開始下賭注，將條件和金額記於俱樂部賭注本上，隨後大家正式找尋答案，輸者付錢，正確的答案順便記在賭注本上。

上述賭注進行時大家極有興致，甚至發生激烈的爭論，但它並非吵嘴，而是討論。為什麼呢？首先，它是純趣味性的。其次雙方並不是為表示自己的意見而是澄清真理，因此，事事都有法律根據。輸贏雙方都很高興地接受賭注的結果。

寬忍他人

排斥他人談話就跟晚宴中女主人排斥她的客人一般是不可思議的。

多數人常無暇兼顧角落邊不說話的人而有意專心對他感興趣的人或全神貫注地與健談者聊天。他們常對聚會中的主角集中精神產生好印象。可是若你遺漏的人碰巧是最重要的人物呢？

記住不要遺漏任何人，每個人都是接觸的對象，讓你的眼睛時刻注意每一個人，觀察每個人對你的反應。

我有一位律師朋友在一堆人群中針對一個人喋喋不休，說得是很起勁，可是除了那個聽眾以外，其他人對他沒有不反感的。

多數社會團體聚會中，往往會冷落少許幾個人，幾個人看來就像局外人似的，因此很可能他們會被人當局外人招待。

別冷落任何人，不論他對你的話題表示如何的乏味。想想自己是個局外人的滋味，儘量使局外人對你的話題產生興趣，使他不至於覺得他是遭你冷落了。

第二章　別讓舌頭拖累你─鍛鍊口才的第一步

傾聽：溝通的關鍵要素

波魯塔克曾說：「傾聽，你甚至可以從拙於口舌者的口中學到很多學問。」事實上，許多優秀的談話者，超過 50% 的表達能力來自於他們的聆聽技巧。真正的聽講並非只是用耳朵聽，而是需要全神貫注，透過觀察與感受，理解對方的話語內涵。

然而，許多人在聆聽時容易犯下幾種錯，例如：

- **心不在焉**，無法集中注意力。
- **不耐煩**，急於打斷講話者。
- **過於關注自己想說的話**，忽略對方的觀點。
- **消極聆聽**，用冷漠的態度影響講話者的表達。

這些問題不僅阻礙有效溝通，也可能讓我們失去學習與成長的機會。

專注的聆聽：提升談話品質

有一次，在我的課堂上，學生們輪流發表演說，其他人則負責評論和討論。然而，我注意到大家幾乎都避免與前排的一位年輕人對視。課後，我詢問他原因，他回答：「我專注於內容，擔心眼神交流會分散注意力。」但事實上，他的冷漠表情讓講者感到不安，進而影響了演說效果。

良好的聆聽不只是理解對方的話語，也應該透過眼神與肢體語言表達尊重與鼓勵。如果一位演講者看到聽眾全程低頭，毫無反應，那麼他的表達動力也會大打折扣。這就像戴著耳罩鼓掌 —— 毫無意義。

聆聽的雙重價值

真正的聆聽不僅幫助聽眾獲取知識，還能讓講話者獲得回饋，調整自己的表達方式。歷史上有許多成功的演說家與藝術家，他們都具備敏銳的聆聽能力。

以觀眾的反應調整表達

勒杜德‧勞倫斯是個傑出的講者，她能透過聽眾的反應來調整演講節奏。例如：當她察覺臺下開始出現咳嗽聲或竊竊私語時，便知道需要改變策略，以重新吸引注意力。

類似地，奧斯卡‧漢姆斯在《國王與我》紐約排演時，敏銳地察覺觀眾對故事情節的不滿，因而當晚便與編劇理查‧羅傑修改劇情，加入更多情感元素，提升了整體的戲劇效果。

用聆聽影響社交關係

卓別林以幽默與機智著稱，但少有人知道他也是一位出色的聆聽者。他在兒童生日派對上專注傾聽孩子們的談話，這種尊重與耐心讓人印象深刻。同樣地，溫瑟公爵夫人以全神貫注的聆聽方式，使人感受到她的真誠與投入，進而建立了良好的人際關係。

正確的聆聽方式

許多人都曾玩過「耳語遊戲」，即當訊息經過多人傳遞後，往往與最初版本大相徑庭。這充分說明了聆聽並不只是聽，而是理解與精準接收訊息的過程。

馬歇爾‧麥克路罕曾經歷過一個有趣的事件：當他告知朋友自己在

第二章　別讓舌頭拖累你──鍛鍊口才的第一步

美國獲得「榮譽法律博士學位（LL·D）」時，有人聽錯，結果當他入境加拿大時，海關竟然詢問他是否攜帶「迷幻藥（LSD）」。這樣的誤會提醒我們，不精準的聆聽可能會造成嚴重的溝通錯誤。

因此，在談話中，我們應該：

- 專注聆聽，不僅用耳朵，還要用心去理解。
- 以正面的態度回應，讓對方感受到被尊重與認同。
- 透過眼神交流與肢體語言，讓講話者知道你在傾聽。
- 確保理解無誤，必要時重述對方的話來確認訊息準確性。

聆聽與談話的平衡

真正的談話藝術，不只是表達，更在於如何聆聽。麥克在書中總結了一系列重要原則：

- 不要僅僅聆聽 —— 要用心理解。
- 不要僅僅觀看 —— 要用心觀察。
- 不要僅僅計劃 —— 要採取行動。
- 不要只是談話 —— 要激勵對方表達。

此外，我們還應避免以下行為：

- **談話冗長、重複**，應該簡明扼要。
- **過度自我中心**，不應只關注自己的觀點。
- **隨意打斷別人**，應該尊重對方的發言時間。

- **在背後議論別人的隱私**，應該保持尊重與禮貌。
- **以爭論代替討論**，應該保持理性，避免情緒化反應。

當我們能夠掌握傾聽的藝術，我們的溝通能力將大幅提升，不僅能與人建立更深的連結，也能讓自己的言談更具影響力。

第二章　別讓舌頭拖累你—鍛鍊口才的第一步

第三章
口才表達的藝術：
掌握溝通的關鍵技巧

在日常交流與社交場合中，一個人說話是否引人入勝，除了取決於內容的豐富性，更關鍵的是是否掌握了口語表達的基本技巧。口語表達並非單純的詞句組合，而是一門需要精煉與鍛鍊的藝術。擁有良好的表達能力，不僅能讓溝通更順暢，也能增強個人的說服力與影響力。

第三章　口才表達的藝術：掌握溝通的關鍵技巧

口語表達的核心技巧

敘述技巧：條理清晰，讓話語更具吸引力

敘述是口才表達的基礎，目的是讓聽眾清楚理解所要傳達的內容。有效的敘述應具備：

- **層次分明**：按時間、空間、邏輯順序組織內容，使資訊清晰易懂。
- **重點突出**：掌握關鍵資訊，避免冗長或過於枝微末節。
- **生動形象**：運用故事、比喻或具體事例，使內容更具感染力。

例如：演講大師**戴爾·卡內基**在公開演講中，經常透過具體案例來強調核心觀點，使觀眾更容易理解和記住。

說理技巧：邏輯嚴謹，提高說服力

說理即是透過清晰的論點與有力的論據，來說服對方接受觀點或改變立場。有效的說理需注意：

論點明確：避免模糊不清的陳述，讓聽眾知道你要表達的核心思想。

論據有力：運用資料、事實或權威觀點來支撐自己的論點。

層層遞進：先提出問題，再分析原因，最後給出結論，使觀點更加有說服力。

例如：在辯論或商業提案中，清晰的邏輯與資料支持能幫助贏得對方認同。

反駁技巧：機智應對，化解困境

在討論或辯論中，當面對質疑或不同觀點時，應該掌握合理的反駁技巧，以避免陷入無效爭論：

- **保持冷靜**：不因對方的質疑而情緒激動，理性應對才更具說服力。
- **抓住漏洞**：透過邏輯分析，找出對方言論中的矛盾或不完善之處。
- **以理服人**：使用事實和資料來支撐自己的立場，而非訴諸個人情緒。

例如：著名的演說家馬丁・路德・金恩在演講中，面對反對者的質疑時，並未直接對抗，而是透過和平與理性的方式提出更具影響力的論點，使觀眾更願意接受他的理念。

修辭技巧：增強表達效果，提升語言魅力

修辭技巧能讓語言更具吸引力，提升表達的感染力。常見的修辭技巧包括：

- **比喻**：將抽象概念具象化，使內容更易理解。例如：「人生就像一場馬拉松，需要堅持與耐力。」
- **對比**：透過對照突顯觀點，例如：「成功者找方法，失敗者找藉口。」
- **排比**：透過重複語句增強語感，例如：「我們不要僅僅生存 —— 我們要生活；我們不要僅僅聆聽 —— 我們要理解。」

政治演說、企業宣傳、甚至日常溝通中，善用修辭技巧，能讓話語更具說服力與記憶點。

第三章　口才表達的藝術：掌握溝通的關鍵技巧

口語表達的重要性

在社交活動中，能否有效運用口語表達技巧，往往決定了溝通的成敗。良好的表達能力可以：

- **增強人際關係**：讓對話更順暢，使人願意傾聽你的觀點。
- **提升個人影響力**：無論是在工作、社交還是公共演講，良好的口才都能使你更具說服力。
- **提高自信心**：能夠流暢表達自己的想法，能幫助建立自信，在各種場合中都能遊刃有餘。

世界著名企業家如**賈伯斯、馬斯克**，在公開場合的表達方式都極具感染力，這正是他們能夠影響全球的關鍵之一。

口才是成功的關鍵

口語表達不僅是一種技能，更是一種影響人生的能力。透過敘述、說理、反駁、修辭等技巧的掌握，我們可以讓自己的話語更具說服力和影響力。無論是在社交、職場還是公開演講中，擁有良好的口才將使我們在人生舞臺上更加自信，進而創造更多成功的機會。

正如亞里斯多德所說：「說服的藝術，是影響世界的力量。」掌握口語表達的藝術，你也能在人生舞臺上發光發熱！

邏輯推理技巧：提升思維與表達的精準度

在溝通與論述中，邏輯推理技巧能幫助我們更準確地表達觀點，提高說服力。無論是日常對話、演講、辯論或專業討論場合，擁有嚴密的邏輯思維能力，能讓我們的言論更具影響力，使對方更容易理解並接受我們的觀點。

概念的精確運用

在邏輯推理中，清晰且準確的概念定義是構建合理論點的基礎。概念包含內涵與外延，理解這兩者的關係能幫助我們避免語義模糊與邏輯錯誤。

內涵與外延

內涵指概念所反映的本質屬性，即概念的定義。例如：「勞動」的內涵是「人類使用生產工具以改變自然物質，使之適應自身需求的有目的活動」。外延則指該概念所適用的範圍，如「勞動」涵蓋「工業勞動、農業勞動、腦力勞動」等。

定義的重要性

給事物下嚴謹的定義，避免過於籠統或過於狹隘。例如：蘇格拉底曾定義「人是有兩條腿的動物」，但此定義過於寬泛，導致被人反駁。正確的定義應該涵蓋事物的本質，而非僅以表象作判斷。

概念關係的區分

全同關係：概念的外延完全相同，如「巴黎」與「法國首都」。

交叉關係：兩個概念的外延部分重疊，如「青年」與「企業家」。

從屬關係：一個概念被另一個概念完全包含，如「水果」與「蘋果」。

並列關係：兩者互相排斥，如「發光物體」與「不發光物體」。

避免邏輯錯誤

以偏概全：不能用個別事件來推論整體。例如：「某位學生遲到」不代表「所有學生不守紀律」。

概念混淆：不能並列使用屬概念與種概念，如「國際的顧客」與「某個國家的顧客」並列使用會造成語意重疊。

判斷的真實性與一致性

判斷是對事物進行肯定或否定的語句，邏輯嚴謹的判斷能提升言論的可信度。

以事實與邏輯檢驗判斷

符合客觀事實：判斷應以資料、經驗或事實為基礎。例如：某次國際經濟會議上，有人認為「全球貿易形勢一片向好」，但當其他專家提供實際資料顯示多國經濟仍處於衰退時，這一判斷便顯得不夠嚴謹。

避免主觀臆測：不以個人偏見為判斷標準，而應依據客觀現實。

防止自相矛盾

一致性原則：一個判斷不能前後矛盾。例如：某人說：「我要發明一種能溶解一切物質的溶劑。」科學家則反問：「那麼你打算把它放在哪個容器裡？」這顯示該發明構想本身存在邏輯矛盾。

推理的應用

推理是根據已知事實得出新結論的過程。有效的推理能讓我們的言論更加嚴密且具說服力。

正面推理

演繹推理：由一般推向個別，例如：

大前提：所有人都會死亡。

小前提：某位歷史學家是人。

結論：該歷史學家會死亡。

歸納推理：由個別推向一般，例如：

鳥 A、鳥 B 和鳥 C 都會飛。

這些鳥都屬於鳥類。

結論：所有鳥類都會飛。（但企鵝等例外情況可能導致此推理不成立）

類比推理：透過兩個事物的相似點推測其他相似之處。例如：

太陽和某顆新發現的恆星都具有核聚變反應。

太陽能發光發熱，因此推測該恆星也能發光發熱。

反面推理

反證法：透過證明相反命題為錯誤，來證明原命題正確。例如：

假設「所有人都不需要氧氣」為真。

但人類沒有氧氣會死亡。

因此，「所有人都不需要氧氣」這一假設錯誤，證明人類需要氧氣。

歸謬法：假設對手觀點成立，推導出荒謬結論，從而駁斥對方，例如：

甲：應該允許所有學生不參加考試。

乙：如果所有學生都不考試，則無法評定成績，學習無法衡量。

甲的主張導致荒謬結果，因此不合理。

提升邏輯推理能力的建議

鍛鍊批判性思維：閱讀經典辯論與哲學著作，如亞里斯多德的《工具論》，並參與討論與辯論，鍛鍊思維的嚴密性。

學會區分邏輯謬誤：避免滑坡謬誤（如果 A 發生，那麼 B、C、D 都會發生，因此 A 不應發生）、人身攻擊（駁斥觀點時攻擊個人，而非論點本身）、稻草人謬誤（歪曲對方觀點後加以攻擊）。

提升資料分析能力：以資料支持論點，而非僅憑個人經驗，並避免以偏概全或選擇性引用資料來誤導對方。

邏輯推理是精準表達的關鍵

良好的邏輯推理技巧能夠提升語言的清晰度與說服力，讓我們在談話、演講、辯論或決策中更加自信。透過明確概念、避免邏輯錯誤、運用正確推理方法，我們可以讓自己的言論更具影響力，並有效說服他人。邏輯思維不僅是一種學術技能，更是一種影響人生決策的重要工具。

針鋒相對的反駁技巧：精準駁斥對方的錯誤觀點

在論辯與溝通過程中，反駁是一項關鍵的技巧。有效的反駁不僅能揭露對方觀點的謬誤，還能加強自身立場，使論述更具說服力。其中，針鋒相對的反駁技巧是一種最直接、最具攻擊性的策略，能夠迅速在辯論中占據優勢。

針鋒相對的反駁技巧

直擊要害，直接駁斥對方觀點

針鋒相對的反駁方式，強調不迂迴、不繞圈，直接抓住對方論點中的錯誤或矛盾進行攻擊。例如：在辯論中，當對方使用模糊或情緒化的言辭，而無法提供具體證據時，可以這樣回應：「請提供確切的資料或研究報告，否則這只是你的個人感受，而非可驗證的事實。」

以強勢氣勢壓倒對方

語氣和氣勢在辯論中至關重要。透過自信的語調、簡潔有力的措辭，使對方在氣場上感受到壓力。例如：當對方試圖透過情緒化言論影響觀眾時，可以冷靜回應：「我們在這裡討論的是邏輯與事實，而不是個人情感，請回到核心議題。」

精準立論，展現理性與邏輯力量

除了氣勢，內容的準確性同樣重要。對方可能會使用模糊的概念來混淆視聽，因此，應該強調邏輯嚴密性。例如：

對方：「人工智慧將取代所有人類工作，導致大規模失業。」

反駁：「歷史上每次技術革命確實改變了勞動市場，但也創造了新的職業，例如工業革命後的工程師與技師。人工智慧的出現將帶來職場的轉型，而非純粹的消滅工作機會。」

實際應用：經典反駁案例

以事實為依據，反駁模糊指控

在公開辯論或面對不公平指控時，最好的反駁方式就是要求對方提供具體證據，或者用更強有力的事實來反駁。例如：

對方：「某企業不關心環保，嚴重破壞生態。」

反駁：「請提供具體的資料或研究報告來證明該企業的汙染程度。此外，該企業已經投資於多項環保計畫，例如碳排放減少計畫和再生能源技術，請問這樣的舉措怎能算是不關心環保？」

用對方的言論反駁對方

這種策略特別適用於當對方的言論出現矛盾時。例如：

對方：「過去的經濟政策毫無成效，因此現在應該全面廢除。」

反駁：「但你剛剛才提到，某些產業在這些政策下仍然成長迅速。如果完全無效，為何還能產生這些正向影響？」

靈活運用針鋒相對的反駁技巧

針鋒相對的反駁技巧能夠迅速建立優勢，但使用時應注意：

- **保持冷靜**：即使反駁對方，也要避免陷入情緒化，否則容易失去理性立場。
- **以事實和邏輯為依據**：不單純否定對方，而是提供更嚴密的證據來支持自己的觀點。
- **掌握語氣與氣勢**：有力的語氣能強化說服力，但也要避免過度咄咄逼人，以免失去觀眾的支持。

運用這些技巧，無論是在學術討論、職場溝通，還是公開辯論中，都能有效應對挑戰，展現強大的論述能力。

第三章 口才表達的藝術：掌握溝通的關鍵技巧

以退為進的反駁技巧：先讓一步，後制勝機

在面對質疑、攻擊或刁難時，許多人傾向於立即反駁，直接駁斥對方的論點。然而，「以退為進」的反駁技巧則是一種更高明的策略，先讓一步，承認對方的某部分觀點，然後巧妙地轉換局勢，最終占據上風。這種方法不僅能緩和對立情緒，還能利用對方的話來強化自己的立場，達到反敗為勝的效果。

以退為進的策略運用

先承認部分立場，爭取主導權

當對方提出批評時，若直接否認，可能會使自己顯得過於防禦性，甚至激化矛盾。相反，若先承認對方某部分觀點的合理性，反而能取得話語權。例如：

對方：「你的提案不切實際，根本無法實行。」

反駁：「你的擔憂很合理，的確，每個新方案在實行前都會面臨挑戰。但正因如此，我們才需要更細緻的規劃，以確保它能順利推行。」

這樣的回應不僅承認了對方的憂慮，也同時引導話題回到自身的優勢點上，從而取得主動權。

以幽默或機智回應，讓對方難以反擊

以退為進的反駁技巧，往往帶有機智或幽默的成分，使對方無法再強硬攻擊，甚至讓觀眾站在自己這邊。

以退為進的反駁技巧：先讓一步，後制勝機

經典案例：蕭伯納的機智應對

著名劇作家蕭伯納的話語藝術正是「以退為進」的絕佳示範。當一位觀眾在《武器和人》的公演上大聲喊道：「你的劇本糟透了，應該停演！」時，蕭伯納並沒有與對方爭論，而是先給予讓步：「我的朋友，你說得對，我完全同意你的意見。」然而，他緊接著轉向觀眾：「但遺憾的是，我們兩個人反對這麼多觀眾有什麼用呢？」這樣的回應，不僅幽默且不失風度，讓全場笑聲四起，對方反而成了被嘲笑的對象，最終只能灰溜溜地離開。

這種方式巧妙地運用了反差，讓對方無法再進一步攻擊，反而自陷於尷尬之境。

借對方觀點來強化自身立場

以退為進的關鍵技巧之一，就是在承認對方論點後，從中提取對自己有利的部分，使之成為支撐自己觀點的證據。例如：

對方：「你們的產品太貴了，不值得這個價格！」

反駁：「你說得沒錯，我們的產品確實比一般市場價格高。但正因為我們使用了更優質的材料和更先進的技術，才確保了它的耐用性和高效性，這樣長期來看，反而能幫助你節省更多成本。」

這種方式不僅避免了與對方正面衝突，還能引導對方重新審視自己的論點，使自己的立場變得更為穩固。

如何有效運用以退為進的反駁技巧？

控制情緒，保持冷靜

在面對質疑時，不要立刻進入防禦模式，而是先冷靜聆聽，理解對方的觀點，然後尋找最適合的反駁切入點。

第三章　口才表達的藝術：掌握溝通的關鍵技巧

找出對方話語中的「可利用點」

在反駁前，先思考對方的話是否有某些部分是可轉化為對自己有利的資訊。例如：對方說某計畫「風險太高」，可以回應：「確實如此，這正是我們做了多重風險評估的原因，以確保最佳應對策略。」

以幽默或機智的方式回應

幽默可以緩解緊張氣氛，也能讓對方的攻擊顯得蒼白無力。例如：當被批評「你這麼年輕，怎麼可能有這麼多經驗？」時，可以回應：「正因為我年輕，所以我能夠快速適應變化，學習新技術，比起那些習慣於舊方式的人，我更能應對未來挑戰。」

利用對比強化自身立場

透過對比，讓對方的論點顯得薄弱。例如：

對方：「你的團隊過去從來沒做過這類型的專案，怎麼能確保成功？」

反駁：「這正是我們的優勢，因為我們沒有受到傳統框架的限制，可以用更創新的方法來解決問題。」

以退為進，柔中帶剛

以退為進的反駁技巧，不是示弱，而是一種更高明的策略，它能夠化解對方的攻擊，甚至將對方的論點轉化為自己的優勢。當運用得當時，不僅能夠削弱對方的氣勢，還能巧妙地強化自身的說服力，使觀眾或對話中的其他聽眾站在自己這一邊。

這種技巧不僅適用於辯論場上，也在職場、人際關係甚至商業談判中發揮極大作用，使人在溝通與談判中始終保持主動，進退自如。

引申歸謬的反駁技巧：
以邏輯推演揭露謬誤

在辯論與論證中，直接駁斥對方的論點並非唯一的有效方法。「引申歸謬」是一種高級的反駁技巧，它並不直接批評對方的論點，而是先假設其為真，然後根據這個假設進行邏輯推理，直至推出荒謬可笑的結論，從而證明原論點的錯誤。這種方法不僅能讓對方無法反駁，更能讓觀眾迅速理解其中的不合理之處，達到「以子之矛攻子之盾」的效果。

引申歸謬的運用方法

假定對方觀點正確，推演其後果

這種技巧的關鍵在於：先不直接否定對方，而是根據其觀點進行推論，直到得出荒謬的結果。例如：

對方：「人工智慧太危險，應該全面禁止。」

反駁：「如果完全禁止人工智慧，那麼所有與 AI 相關的科技發展都要停滯，包括醫療診斷、智慧交通、氣候預測等。如果我們禁止一切可能帶來風險的技術，那飛機、汽車、甚至電力也應該被禁止，因為它們也有風險。這樣一來，我們不就回到石器時代了嗎？」

這種推理將對方的主張推向極端，讓其看起來不合理，使對方不得不重新考慮自己的立場。

第三章　口才表達的藝術：掌握溝通的關鍵技巧

透過類比找出謬誤

引申歸謬的另一種方式是透過類比，使對方的論點顯得荒謬。例如：

經典案例：馮玉祥的機智反駁

當兩名外國人在中國境內非法打獵，辯稱護照上允許攜帶獵槍，因而可以獵殺動物時，馮玉祥並未直接反駁，而是運用引申歸謬的方式回應：「如果准許攜帶獵槍就代表可以打獵，那麼允許攜帶手槍，是否就意味著可以隨意殺人？」

這個類比瞬間揭露了對方論點的荒謬性，使其無法辯駁。這種方式的關鍵在於找到一個結構相似但後果明顯荒謬的例子，讓對方的主張顯得站不住腳。

利用極端推論讓對方陷入矛盾

這種方法適用於對方的觀點可能導致矛盾或不合邏輯的結果。例如：

對方：「企業應該完全聽從顧客意見，才能成功。」

反駁：「如果企業完全聽從顧客，那麼所有的公司都應該免費提供產品，因為顧客最希望的是不花錢就能得到最好的服務。這樣的話，企業還能生存嗎？」

這種極端推論迫使對方重新審視其立場，並認識到其觀點的不合理性。

如何有效運用引申歸謬的技巧？

找出對方論點的關鍵假設

先確定對方論點的核心邏輯，然後思考如果這個邏輯被無限擴展，會導致什麼後果。

尋找相似但荒謬的例子來對比

使用類比，使對方的主張在另一個情境下顯得荒謬，例如：「如果你說自由市場完全不需要規範，那是否意味著運動比賽也不需要裁判？」

保持語氣冷靜，不帶情緒

引申歸謬的效果來自於邏輯，而非情緒。如果語氣過於激動，反而會讓對方有機會轉移話題，而不是專注於論點本身。

確保邏輯一致，避免過度誇張

反駁的推論應該是合乎邏輯的，而不是過度誇張或斷章取義。例如：「如果政府禁止某種食物，那等於要禁止所有食物」這樣的推論過於極端，會降低說服力。

讓對方的論點「自相矛盾」

引申歸謬的反駁技巧，透過推論和類比，讓對方的論點自行崩潰，而無需直接攻擊或情緒化爭辯。這種方法不僅能在辯論中占據優勢，也能巧妙地引導對方重新思考自身立場，使論證更加有力、說服力更強。

無論是在日常對話、商業談判或學術辯論中，這都是一種極具影響力的反駁技巧，能夠讓你的觀點更具說服力，也能讓對方的謬誤無所遁形。

第三章　口才表達的藝術：掌握溝通的關鍵技巧

釜底抽薪的反駁技巧

釜底抽薪的反駁技巧，是透過直接推翻對方論據，使其論點失去支撐，進而讓整個論證崩潰。這種技巧的核心在於找出對方論據的錯誤，無論是事實錯誤、邏輯謬誤，還是證據不足，都可以成為突破點。當論據失效，論點自然無法成立，從根本上瓦解對方的觀點。

透過論據漏洞擊潰對方

要有效運用釜底抽薪的技巧，首先必須辨識對方論據的薄弱之處。例如：在一次國際學術辯論中，某學者試圖證明某種新開發的減肥藥極為有效，並引用了一項研究資料，聲稱該藥能幫助80%的使用者在一個月內減重超過5公斤。然而，反方學者深入研究該資料的來源，發現這項研究僅在10名受試者身上進行，且沒有對照組。於是，他當場駁斥：「如果你這個資料成立，那麼只要在5個人中找到4個減重者，就可以聲稱80%的有效率，這樣的研究結果根本不具備科學性。」這一反駁直接戳破了對方的論據，使其論點站不住腳。

釜底抽薪的關鍵步驟

找出論據的錯誤

這可能是統計資料的錯誤、證據不足，或是引用的資料不具權威性。辨識這些問題，能為反駁提供堅實的基礎。

揭露邏輯矛盾

如果對方的論據和論點之間缺乏因果關係,或存在邏輯跳躍,便可利用這點讓對方的立場失去說服力。

提出強而有力的反證

透過更有力的資料、歷史事例或專家觀點來證明對方論據的錯誤,進一步瓦解其論述基礎。

第三章　口才表達的藝術：掌握溝通的關鍵技巧

釜底抽薪的優勢與應用

這種反駁方式的優勢在於，它不僅能夠擊潰對方的論述，還能展現自己的嚴謹與邏輯推理能力，使自己在辯論中占據上風。例如：歷史上許多經典辯論案例，如林肯在法庭上的辯護，便是透過找出證人證詞的矛盾，成功推翻對方指控。

成功運用釜底抽薪的技巧，關鍵在於對資訊的掌握與分析能力。辯論中，若能迅速找出對方論據中的漏洞，並以確鑿的事實或資料加以反駁，便能在言語交鋒中立於不敗之地。

論證錯誤的反駁技巧

論證錯誤的反駁技巧，是透過揭示對方論證過程中的邏輯謬誤，使其觀點無法成立。當對方的論據與論點之間缺乏必要的邏輯關聯，或者論證過程中出現推理錯誤，這種技巧便能發揮關鍵作用。透過分析對方的論證結構，指出其謬誤所在，讓對方的立場自我崩潰。

揭示論證中的邏輯缺陷

在辯論與論述中，常見的論證錯誤包括因果謬誤、類比不當、以偏概全、循環論證等。例如：國際新聞上常見某些媒體聲稱：「某國經濟發展迅速，因此必然會對周邊國家構成威脅。」這種論述存在明顯的邏輯錯誤，因為經濟發展與威脅他國之間並無必然連繫。相反，也有許多國

家在經濟發展的同時，仍然維持和平與合作的外交關係。因此，這樣的論證屬於「錯誤因果關係」，可以輕易駁斥。

以歷史事例揭示謬誤

在俄烏戰爭的背景下，類似的辯論技巧也經常被運用。例如：一些評論人士可能提出：「俄羅斯的行為證明，擁有廣大疆域的國家往往會尋求擴張。」然而，美國或歐盟的領袖可能會反駁：「這種推論過於簡化。俄羅斯的侵略行為確實無可否認，但領土大小並非決定國家是否擴張的唯一因素。歷史上，許多領土廣闊的國家，如加拿大或澳洲，並未發動侵略戰爭，而一些領土相對較小的國家，卻曾積極擴張，例如 19 世紀的歐洲列強如英國與法國。事實上，戰爭的爆發更多是由政治、經濟與戰略利益所驅動，而非單純取決於國土面積的大小。」

反駁論證錯誤的技巧

識別錯誤推理

分析對方的論點是否由錯誤的前提導出，或者論據與結論之間是否缺乏邏輯關聯。

指出缺乏因果關係

當對方主張兩件事物之間有必然連繫時，透過事實和歷史案例證明這種連繫是虛假的或片面的。

第三章　口才表達的藝術：掌握溝通的關鍵技巧

利用反例駁斥

透過舉出與對方論點相矛盾的實際例子，證明其論據不足。例如：若對方認為某種因素必然導致某種結果，那麼只要舉出相同條件下但未產生該結果的例子，即可顛覆其結論。

應用論證錯誤反駁技巧的優勢

此技巧適用於辯論、談判、政策討論等場合，特別是當對方以不嚴謹的邏輯推導結論時。透過細緻的分析與論證，可以展現出嚴密的邏輯思維，讓自身立場更具說服力。在各種討論中，若能熟練運用此技巧，不僅能夠駁斥錯誤觀點，更能提升個人的邏輯思辨能力，使自己的論述更具權威性與說服力。

運用比喻的技巧

比喻是一種強而有力的修辭方法,透過將抽象、複雜的概念轉化為具體、熟悉的事物,使溝通更具表現力與說服力。無論是演講、寫作,還是日常交流,比喻都能增強語言的感染力,讓聽者或讀者更容易理解核心觀點。

比喻的基本特徵

三個基本要素

被比喻物:需要說明的概念或事物。

比喻物:用來幫助說明的熟悉事物。

相似點:兩者之間的共同特徵,使比喻成立。

比喻詞的運用

明確標示兩者關係的詞語,如「像」、「如」、「猶如」、「是」、「成為」等。

三種基本比喻類型

明喻:清晰直白的比喻

明喻透過明確的比喻詞來建立兩者間的關係,使概念更直觀易懂。其基本格式為「甲像乙」。

案例分析：愛因斯坦形容知識與想像力

愛因斯坦曾說：「想像力比知識更重要，知識是有限的，而想像力卻能環遊世界。」這句話形象地比喻了知識與想像力的區別。他將想像力比作無邊無際的旅行，表達了創新思維的重要性。

暗喻：隱含的比喻

暗喻不使用「像」、「如」等比喻詞，而是直接將某物說成另一物，使語言更加簡潔有力。基本格式為「甲是乙」。

案例分析：馬丁・路德・金恩的演講

在著名的《我有一個夢》演講中，馬丁・路德・金恩說：「我們將兌現這張支票——一張自由和平等的支票。」這裡，他將「平等權利」比作「一張支票」，強調美國社會對於黑人群體的承諾未曾兌現，讓聽眾更直觀地理解種族平權的核心問題。

借喻：省略被比喻物的比喻

借喻省略了被比喻物，直接用比喻物來代表其意義，使語言更具藝術性與表達力。

案例分析：邱吉爾的戰爭比喻

英國首相邱吉爾在二戰時期曾說：「我們不會投降，我們會戰鬥到底。我們會在海灘上戰鬥，在登陸地點戰鬥，在田野和街頭戰鬥。我們永不投降！」邱吉爾沒有直接說「我們會堅持到底」，而是透過形象的「戰場」來代指英國人無畏的抵抗精神，使演說更具震撼力與鼓舞人心的力量。

比喻的應用與效果

增強表達的生動性
讓抽象的概念更具體，使內容更具吸引力。

提升理解的便捷性
複雜的概念透過熟悉的事物來解釋，使人能夠迅速領會。

增加語言的感染力
生動的比喻能激發讀者的情感共鳴，使資訊更具說服力。

比喻的力量

比喻是一種強大的表達工具，無論是在政治演說、科學解釋，還是文學創作中，都能有效提升語言的表現力。透過運用恰當的比喻，說話者可以讓抽象的思想變得生動易懂，進而增強資訊的影響力與說服力。

第三章　口才表達的藝術：掌握溝通的關鍵技巧

運用轉化的技巧

轉化是一種強而有力的修辭手法，透過將事物賦予人性，或將人描寫為物，使語言更具生動性與感染力。在演講、文學創作及日常交流中，恰當運用轉化，能增強語言的表達力，使受眾產生共鳴。

轉化的分類

轉化可分為擬人與擬物兩種，前者將物擬作人，賦予思想與行動；後者則將人擬作物，突顯某種特質或狀態。

擬人：賦予事物人的特徵

擬人手法賦予無生命的物體以人的思想、情感、行動，使表達更具生命力。

案例分析：史蒂夫・賈伯斯與蘋果公司

蘋果公司創辦人史蒂夫・賈伯斯在介紹 iPhone 時，曾形容：「這是一個會思考的手機，它知道你的需求，會為你帶來最好的體驗。」在這句話中，iPhone 被賦予「思考」的能力，使其不僅僅是一個科技產品，而是一個能夠理解使用者需求的夥伴，這種擬人化的表達方式使科技更具親和力，成功拉近了品牌與消費者的距離。

案例分析：莎士比亞的詩句

莎士比亞在《十四行詩》中寫道：「時間這位無情的藝術家，在你的臉上刻下皺紋。」他將時間擬作一位藝術家，賦予其「雕刻」的行為，形象地表達了歲月帶來的變化，使詩句更具畫面感和情感張力。

擬物：將人描寫為物

擬物手法將人的某些行為、特徵與物品連繫，讓語言更加幽默、生動或具諷刺意味。

案例分析：邱吉爾形容政治對手

英國首相邱吉爾曾評論一位政治對手：「他就像是一隻變色龍，總是隨著環境改變自己的顏色。」這種擬物化的表達，不僅形象地刻劃了對手的投機取巧，也增添了語言的幽默與諷刺性。

案例分析：海明威對寫作的比喻

美國作家海明威在談論寫作時曾說：「寫作是一座冰山，你所讀到的只是水面上的部分，真正的故事藏在水下。」他將作家的寫作過程轉化為冰山，突顯了文學創作的深度與隱藏性，使讀者更容易理解作品背後的匠心。

轉化的應用與效果

增強語言的表現力

透過擬人，使無生命的事物變得生動。

透過擬物，突顯某些行為或特質，達到幽默或諷刺的效果。

提升情感共鳴

轉化可以賦予語言更深的情感色彩，使聽者或讀者更容易產生共鳴。

使抽象概念具體化

透過擬人或擬物，將難以理解的概念轉化為形象化的表達方式，增強理解力。

轉化的魅力

轉化是一種極具表現力的語言技巧，無論是在政治演說、品牌行銷，還是文學創作中，都能提升表達的生動性與感染力。透過擬人，讓事物「活起來」；透過擬物，讓人的行為更加鮮明，使語言更具說服力與藝術性。

運用借代的技巧

借代是一種修辭方法，透過使用與某事物密切相關的詞語來代替其本名，使表達更加生動、簡練，並能引起聯想和想像。借代的運用不僅能讓語言更加具象化，還能增添表達的層次感，使內容更富藝術性與感染力。

特徵代本體

這種借代方式使用事物的某個明顯特徵來代表整個事物，常見於口語和文學作品中。

案例分析：達文西的〈蒙娜麗莎〉

在藝術評論中，人們常用「微笑」來代指〈蒙娜麗莎〉，例如「達文西的微笑征服了世界」，這裡的「微笑」便是以蒙娜麗莎神祕的笑容特徵來代表整幅畫作，而不是直接提及畫作本名，這種表達方式既生動又富有詩意。

案例分析：英國的「白金漢宮」

「白金漢宮今天發布了一項聲明」，這種說法實際上指的是「英國王室」發表聲明，而非建築物本身。白金漢宮是英國王室的象徵，因此常用來代指王室發言，這是一種典型的特徵代本體的借代方式。

第三章　口才表達的藝術：掌握溝通的關鍵技巧

具體代抽象

這種手法用具體的對象來代表某種抽象概念，使表達更加形象直觀。

案例分析：美國的「星條旗」

「星條旗在戰場上飄揚」，這裡的「星條旗」實際上指的是「美國」，而不是單純指一面旗幟。這種表達方式使語言更具象徵性，增強愛國情感的感染力。

部分代整體

用事物的某個部分來代表整個事物，這種方式能夠精煉表達，讓語言更加靈活。

案例分析：「白宮與克里姆林宮的談判」

在國際政治新聞中，記者經常用「白宮」來指代美國政府，「克里姆林宮」來指代俄羅斯政府，這是典型的部分代整體的修辭手法，使表達更簡潔有力。

案例分析：「劍與盾的對決」

在軍事報導或歷史敘述中，「劍與盾」並不單指兩件武器，而是象徵「進攻與防禦」，這種借代讓描述更加直觀、富有動感。

轉喻泛稱

這種手法用某個具有代表性的人物、事物的專有名稱來泛指同類事物，提升語言的概括性與表達力。

案例分析：「他是現代的愛因斯坦」

這裡的「愛因斯坦」不只是指這位科學家本人，而是代指「極具天才智慧的人」，用來形容某位科學家、學者或創新者的卓越才智。

案例分析：「當代的莎士比亞」

「這位劇作家被譽為當代的莎士比亞」，這裡的「莎士比亞」已經不單指那位英國戲劇家，而是泛指才華橫溢的戲劇創作者。這種借代方式不僅強調了人物的重要性，也讓語言更加形象生動。

借代的語言效果

增強語言的形象性

借代使抽象概念更加直觀，讓語言表達更具象徵性，例如「鐵幕落下」象徵冷戰開始，而非真的有一塊鐵幕落下。

提升語言的藝術感

借代能讓表達更加富有詩意，如「皇冠的重量」象徵國王或領袖的責任，而不只是指一頂物理上的皇冠。

使表達更精煉

透過借代，能夠用簡單的詞語表達更廣泛的意思，例如「矽谷的創新浪潮」代表整個科技行業的變革，而非僅指美國的地理區域。

第三章　口才表達的藝術：掌握溝通的關鍵技巧

借代的魅力

借代是一種極具表達力的修辭技巧，廣泛運用於新聞、文學、政治演講及日常語言中。透過特徵代本體、具體代抽象、部分代整體及專名代泛稱等方式，借代能夠讓語言更具象徵性、簡潔性與藝術性，使表達更加生動有力。

運用對比的技巧

對比，又稱對照，是透過比較事物的不同方面或兩種對立事物來強調其差異的一種修辭方法。這種手法能夠突顯特點、深化主題，增強語言的表現力，使內容更加生動有力。

一物兩面對比

這種對比方式是將同一事物的不同狀態或特質放在一起進行比較，以突顯其變化或矛盾點。

案例分析：愛因斯坦的相對論

愛因斯坦曾用一個簡單的比喻來解釋相對論：「如果你和最親愛的人坐在火爐旁，一個小時可能感覺只過了五分鐘；但如果你獨自坐在熾熱的火爐旁，五分鐘卻彷彿過了一個小時。」這個比喻透過時間感受的對比，巧妙地說明了相對論的概念，使抽象的科學理論變得通俗易懂。

案例分析：史蒂夫·賈伯斯的穿著風格

蘋果公司創辦人史蒂夫·賈伯斯以固定的黑色高領毛衣、牛仔褲和運動鞋為代表性穿著。當他還未成名時，許多人可能會質疑他的穿著風格過於簡單。但當他成為全球科技界的領袖後，人們開始將他的服裝風格視為極簡主義的代表，甚至有許多企業家效仿。這種前後觀點的對比，不僅展現了賈伯斯的個人特質，也反映了社會對成功者標準的變化。

兩物對比

這種方式是透過比較兩個本質不同的事物來強調其差異，從而加強表達的說服力和藝術效果。

案例分析：馬丁·路德·金恩與種族隔離政策的對比

馬丁·路德·金恩在其著名的《我有一個夢想》演講中，透過對比揭示了美國社會的種族不平等：「我們拒絕相信銀行存款單上寫著『資金不足』。我們拒絕相信，這個機會無限的國度，竟然無法提供基本的公民權利給所有人民。」他將美國民主的理想與現實中的種族歧視進行對比，使演講更具衝擊力，激發社會變革的力量。

案例分析：東西方文化的飲食習慣

「在西方，牛排是主餐，湯是前菜；但在東亞，湯往往是飯後的結尾。西方人喜歡吃麵包搭配奶油，而亞洲人則偏愛米飯配醬油。」這種文化習慣的對比，不僅展現了東西方飲食觀念的不同，也反映了各自飲食文化的歷史淵源。

對比的語言效果

強化表達的清晰度

透過對比，可以讓讀者或聽眾更直觀地理解差異，從而更容易接受觀點。例如：賈伯斯的服裝風格對比傳統企業家的西裝革履，使其簡約主義理念更具說服力。

增強語言的感染力

透過對照強調不同，使表達更具戲劇性與張力。例如：馬丁·路德·金恩透過美國民主理想與現實社會的不公正形成對比，讓人們更能感受到問題的嚴重性。

提升內容的趣味性

透過文化或日常生活的對比，讓語言表達更具幽默感和可讀性。例如：愛因斯坦透過「與愛人共度時光」與「獨自坐在火爐旁」的時間感受對比，使相對論變得更容易理解。

對比的應用價值

對比是一種極具表現力的修辭手法，無論是在學術論述、文學寫作、演講表達，甚至是日常溝通中，都能幫助表達者有效地傳遞資訊。透過一物兩面對比與兩物對比，可以揭示事物的本質、強化觀點，並提升語言的影響力，使內容更加鮮明、生動且富有說服力。

第三章　口才表達的藝術：掌握溝通的關鍵技巧

運用對偶的技巧

對偶，又稱對仗，是將兩個結構相同或相似，字數相等或大致相等的語句對稱排列，以表達相關或對立的意思的一種修辭技巧。對偶的形式整齊勻稱，使語言更富節奏感，增強表達的感染力，給人深刻印象。在演講、詩歌、對聯、文章中，對偶都是極具表現力的修辭手法。

對偶可分為三種主要類型：正對、反對、串對。

正對：表達相近或補充的意思

正對是將兩個相近或相補的句子並列，使語義更加豐富。例如：

案例分析：溫斯頓・邱吉爾的演說

在二戰期間，英國首相溫斯頓・邱吉爾以其鼓舞人心的演講聞名。他在國會發表的著名演說中說道：

「我們將戰鬥到底，我們將在法國戰鬥，我們將在海上戰鬥，我們將以更大的信心和更強的力量在空中戰鬥，我們將在沙灘上戰鬥，我們將在登陸場戰鬥，我們將在田野和街道戰鬥，我們將在山丘上戰鬥，我們永不投降！」

這段話中的句式結構整齊，每一句都強調「我們將戰鬥」，形成強烈的節奏感，強化了英國人民堅定不移的決心。

案例分析：莎士比亞的《哈姆雷特》

莎士比亞的名劇《哈姆雷特》中，有一句著名的對偶句：「生存，還是毀滅？這是個問題。」

這句話以對偶方式表達出生命與死亡的對立，讓角色的內心掙扎更具戲劇張力。

反對：表達相反或對立的意思

反對是將兩個相對或相反的句子組成對偶，使對比更加鮮明。例如：

案例分析：甘地的非暴力哲學

印度國父甘地曾說：「以眼還眼，世界終將盲目。」

這句話透過對比「報復」與「後果」，清楚展現暴力循環的荒謬，強調非暴力抗爭的理念。

案例分析：馬丁·路德·金恩的演講

馬丁·路德·金恩博士在《我有一個夢想》中說道：

「黑暗不能驅除黑暗，只有光明才能做到；仇恨不能驅除仇恨，只有愛才能做到。」

這句話運用了對偶的「反對」手法，形成強烈對比，使和平與愛的理念更加突出，極具感染力。

串對：表達遞進或因果關係

串對是將兩個內容連貫，或具有因果、條件、遞進關係的句子組成對偶。例如：

案例分析：約翰・F・甘迺迪的就職演說

美國前總統甘迺迪在就職演說中說道：

「不要問你的國家能為你做什麼，問問你能為你的國家做什麼。」

這句話透過句式的轉換，構成遞進關係的對偶，強調公民應當積極貢獻國家，而非只索取利益。

案例分析：富蘭克林・羅斯福的名言

「我們唯一應該害怕的，就是恐懼本身。」

這句話透過對偶的方式，將「恐懼」與「真正的威脅」形成對比，強調面對困境時應當堅定信心，而非被恐懼所吞噬。

對偶的語言效果

增強語言的節奏感與音韻美

對偶的句式整齊，讀起來流暢悅耳，適合演講、詩歌和散文等形式。例如邱吉爾的演講，以「我們將戰鬥」為主軸，形成強烈節奏感，激勵人心。

加深語言的影響力與說服力

透過正對、反對或串對，可以清晰表達觀點，使資訊更具衝擊力。例如：甘迺迪的名言，透過對比讓人深思，提升說服力。

提升表達的藝術性

　　對偶可使語言更富詩意和文學性，例如莎士比亞的「生存，還是毀滅」，簡短卻充滿哲理。

對偶的應用價值

　　對偶作為一種修辭技巧，廣泛應用於演講、文學、詩詞、日常溝通等領域。透過正對、反對與串對，不僅能強化語言表達的感染力，還能使表達更具節奏感和藝術美感。無論是政治演說、哲學思考，還是詩歌散文，對偶都能讓語言更有層次、深度與影響力，是值得熟練掌握的表達技巧。

第三章　口才表達的藝術：掌握溝通的關鍵技巧

運用誇張的技巧

誇張，又稱誇飾，是在客觀事實的基礎上，透過主觀想像，對事物的形態、性質、數量、速度等進行擴大或縮小的一種修辭手法。它能增強語言的表達力，使描述更加生動有趣，並引起讀者或聽者的情感共鳴。在文學、演講、幽默語言和廣告中，誇張都是一種常見的修辭技巧。

誇張可分為**誇大**與**縮小**兩種類型。

誇大：放大事物的特徵

誇大是對事物的某些特徵、程度或影響加以擴大，以增強語言的感染力。例如：

案例分析：馬克・吐溫的幽默誇張

美國作家馬克・吐溫以幽默著稱，他的作品中常見誇張的表達。例如：他曾幽默地形容密西西比河上的蚊子：「這裡的蚊子大得像老鷹，飛起來能把太陽遮住！」這種誇張的描述，雖然不符合事實，但卻形象地展現了當地蚊子的驚人數量，增強了幽默效果。

案例分析：莎士比亞的戲劇語言

在莎士比亞的劇作《馬克白》中，主角馬克白在殺害國王後，面對內心的恐懼，誇張地說：「我所有的雙手，是否能把這片大海染紅？不！相

反,這片海將變得血紅!」這種誇張手法強調了馬克白的內疚與恐懼,使情感表達更加劇烈。

現實應用:廣告語言

許多商業廣告也運用誇大來吸引顧客,例如:

- 「這款洗衣粉讓你的衣服白得像新的一樣!」(強調產品的效果)
- 「這款手機快得像閃電一樣!」(形容速度極快)

這些廣告語雖然不是完全精確的事實,但卻能有效傳達產品的優勢。

縮小:弱化事物的特徵

縮小誇張則是將事物的某些特徵、影響或範圍縮小,以達到幽默或諷刺的效果。例如:

案例分析:邱吉爾的幽默應對

英國首相邱吉爾以機智的辯才聞名。有一次,他在國會遭到反對派批評,對方嘲諷他:「您的政策使英國變得越來越渺小!」邱吉爾微笑著回應:「不,比起某些人的格局來說,英國依然是巨人!」這種以縮小手法來反駁對方,幽默而又不失威嚴。

案例分析:馬克·吐溫的自嘲

馬克·吐溫也曾用縮小誇張來幽默自嘲:「我的記憶力好得驚人,我可以記住任何事情,只要它從未發生過!」這種縮小誇張的方式,既表達了他的幽默風格,又帶有對人類記憶局限性的自省。

現實應用：日常幽默

縮小誇張也常見於日常生活，例如：

- 「今天的會議無聊到我都快變成雕像了！」（形容會議枯燥）
- 「我的錢包瘦得比紙還薄！」（誇張地表達經濟拮据）
- 「這間房小得我一轉身就能從客廳到廚房！」（形容房子空間狹小）

誇張的應用原則

雖然誇張能增強語言的表達力，但使用時仍需掌握適當的尺度，避免造成反效果。

誇張不能脫離客觀現實

雖然誇張可以誇大或縮小，但仍需基於一定的事實。例如：說「這本書重得像一座山」未免太過誇張，但若說「這本書重得可以當啞鈴用」，則更具幽默感而不至於荒誕。

誇張要適度

若誇張過度，可能會讓人覺得荒誕不經，反而降低可信度。例如：說「這咖啡苦得能讓人哭出來」比起「這咖啡苦得能毒死人」來得更為合理。

誇張應符合語境與情感

誇張應該是自然的情感流露，而非刻意堆砌。例如：在詩歌與演講中，誇張可以增強情感表達，但在正式報告中，過度誇張可能會影響專業度。

誇張的價值與應用

　　誇張是一種強化語言表達的修辭技巧，能夠使描述更生動、幽默或具說服力。無論是在文學、演講、廣告，甚至日常對話中，合理運用誇張都能增強表達效果，讓資訊更具吸引力與感染力。但誇張的使用須適度，確保不偏離現實，以避免失真或影響可信度。掌握誇張技巧，不僅能使語言更有趣味，也能提升說話的藝術性與影響力。

第三章　口才表達的藝術：掌握溝通的關鍵技巧

概述與詳述的技巧

在口語表達中，敘述是最基本且最常使用的一種表達技巧，而概述與詳述則是敘述技巧中重要的兩種方法。適當運用這兩種技巧，可以使表達更加清晰、有層次，並根據不同的場合和內容調整敘述方式，使表達更具說服力與吸引力。

概述：簡潔扼要，抓住核心

概述，又稱略述或簡述，是對人物、事件、事物或情況作簡要的陳述。概述的特點是：

- **強調總體概念**：勾勒大致輪廓，傳達關鍵訊息。
- **節奏快速**：簡明扼要，不拖泥帶水。
- 適用於眾所周知或不需深入說明的內容。

案例分析：馬丁・路德・金恩的《我有一個夢想》

美國民權領袖馬丁・路德・金恩在著名的《我有一個夢想》演講開頭，以概述方式引出演說的主題：

「五分之一世紀以前，一位偉大的美國人 —— 我們今天所站立的這片土地上的象徵 —— 簽署了《解放奴隸宣言》。這一重大法令像一盞希望的燈塔，給千萬受奴役者帶來了光明。」

這段話簡要回顧美國歷史上《解放奴隸宣言》的意義，奠定了演講的歷史背景，並直接導入主題，讓聽眾迅速進入情境。

詳述：細節鋪陳，增強臨場感

詳述，又稱細述或具體敘述，是對人物、事件或情境進行細緻描述，使聽眾獲得更真實的感受。詳述的特點是：

- **強調細節**：提供具體的時間、地點、狀態和過程，使敘述更具畫面感。
- **情感渲染**：能夠增強語言的感染力，使聽眾產生共鳴。
- 適用於關鍵細節、重要事件、高潮部分或需要強調的內容。

案例分析：溫斯頓・邱吉爾的《我們將奮戰到底》

在 1940 年二戰期間，英國首相溫斯頓・邱吉爾的演講《我們將奮戰到底》中，他運用了詳述來激勵英國人民：

「我們將戰鬥到底，我們將在法國作戰，我們將在海上作戰，我們將以日益增長的信心和力量來保衛我們的島嶼，我們將在空中作戰，我們將在海灘上作戰，我們將在登陸場作戰，我們將在田野和街道上作戰，我們將在山丘上作戰，我們絕不投降！」

這段話透過一連串具體的場景（海上、空中、街道、山丘等）來詳述英國人民在戰爭中的決心與行動，使演講充滿感染力，讓聽眾深刻感受到戰爭的緊迫性與全民奮戰的精神。

概述與詳述的運用規律

在口語表達時，概述與詳述應該互相搭配，以達到繁簡適當、節奏分明的效果。以下是一些運用規則：

第三章　口才表達的藝術：掌握溝通的關鍵技巧

情境	使用概述	使用詳述
與主題關係密切的部分	X	✓
過渡或引導部分	✓	X
事件的關鍵或高潮部分	X	✓
打動或激勵聽眾的地方	X	✓
眾所周知的資訊	✓	X
鮮為人知的背景或細節	X	✓

概述與詳述的實際應用

(1) 學術報告

　　概述：在開場時，應概述研究的背景與主要結論，例如：「本研究探討了人工智慧對出版業的影響，主要分析其在編輯、校對和市場推廣上的應用。」

　　詳述：當需要解釋具體實驗資料或案例時，應詳述，例如：「在 2023 年的調查中，60％的出版社表示已經開始使用 AI 來自動生成標題，而 30％的出版社則使用 AI 進行封面設計。」

(2) 法庭辯論

　　概述：律師在開庭陳詞時，會用概述來說明案件的基本情況，例如：「本案涉及一起合約糾紛，原告主張被告未履行合約義務，導致財務損失。」

　　詳述：在陳述關鍵證據時，律師會使用詳述，例如：「2024 年 5 月 12 日，雙方簽署合約，條款第 3 條明確規定付款期限為 30 天。然而，被告於 7 月 10 日仍未付款，並於 8 月 15 日發送郵件承認拖欠款項。」

(3) 商業演講

概述：在簡報中，應概述企業的願景與市場策略，例如：「我們的公司致力於提供最先進的數位出版解決方案，幫助出版社提升效率並降低成本。」

詳述：當介紹具體產品功能時，應詳述，例如：「我們的 AI 排版系統可以自動識別文章結構，並在 10 秒內生成符合出版標準的版面，與傳統手動排版相比，提高效率 300％。」

如何掌握概述與詳述的平衡

為了有效運用概述與詳述，應掌握以下原則：

- **先概述，後詳述**：先讓聽眾了解整體概況，再深入探討細節。
- **視情境調整**：如果時間有限，應側重概述；若要強調重要訊息，應加強詳述。
- **關鍵處詳述，次要處概述**：避免過度詳述瑣碎資訊，使重點不突出。

概述與詳述的靈活運用

概述與詳述是口語表達中必備的技巧。概述有助於快速傳遞資訊，使內容簡潔明瞭；詳述則能提供具體細節，使敘述更加生動具體。透過靈活運用這兩種技巧，能夠讓溝通更加流暢，提升說話的感染力和說服力，無論是在學術、商業或辯論場合，都能幫助講話者精準傳達訊息，達到最佳表達效果。

第三章　口才表達的藝術：掌握溝通的關鍵技巧

順敘與逆敘的技巧

在口語表達與敘事技巧中，順敘與逆敘是兩種基本且重要的敘述方式。適當運用這兩種技巧，可以幫助講話者清晰有序地表達事件，同時吸引聽眾的注意力，增強講話的感染力與說服力。

順敘：按照時間或空間順序敘述

順敘是按照事件發生的時間或空間發展的順序來敘述，使故事或事件具有邏輯性，讓聽眾能夠循序漸進地理解內容。順敘的特點如下：

- **符合事件自然發展規律**：有開頭、有發展、有高潮，最後有結局。
- **條理清晰，容易理解**：便於聽眾跟隨敘述，減少理解困難。
- **適合一般事件與日常交流**：應用於學術報告、新聞報導、會議發言等。

案例分析：史蒂夫・賈伯斯的斯坦福畢業演講

蘋果公司創辦人史蒂夫・賈伯斯（Steve Jobs）在 2005 年斯坦福大學的畢業典禮上發表了一場經典的演講。他的演講主要採用了順敘的方式，按照時間順序講述了自己的人生經歷：

- **童年與大學生活**：描述自己被收養、進入大學、輟學的經歷。
- **創立蘋果與挫折**：講述如何建立蘋果公司，並在後來被自己創辦的公司開除。

- **逆境中的成長與回歸**：如何在 NeXT 和 Pixar 公司東山再起，最終回到蘋果，並帶領蘋果走向成功。

賈伯斯的演講透過順敘方式，使聽眾清楚理解他的人生旅程，同時隨著敘事的推進，感受到其中的起伏與啟發。

逆敘：先揭示結果，再回溯過程

逆敘，又稱倒敘，是將故事的高潮、關鍵場景或結局放在開頭，然後再回溯事件發展的過程。逆敘的特點如下：

- **能夠製造懸念**：吸引聽眾關注，使他們渴望知道事情的來龍去脈。
- **加強戲劇性效果**：適合演講、辯論、故事敘述或新聞報導。
- **有助於定調**：開頭就設定整體基調，使聽眾投入講話情境。

案例分析：阿姆斯特朗登月的新聞報導

1969 年，美國太空人尼爾·阿姆斯壯（Neil Armstrong）成為第一位登上月球的人，當時的新聞報導多數採用了逆敘的方式：

「這是一個人的小小一步，卻是人類的一大步。」這是阿姆斯壯踏上月球後說的第一句話，許多新聞報導便以這句話作為開頭，立即吸引讀者和聽眾的注意力。接著，報導才回顧整個阿波羅 11 號任務的發展歷程，包括：

- **發射過程**：從甘迺迪太空中心發射升空。
- **登月旅程**：進入軌道、航行至月球的過程。
- **登月細節**：如何著陸、阿姆斯特朗踏上月球表面的情境。

透過逆敘的方式，報導一開始就吸引讀者，使人產生強烈的興趣，想了解更多背景資訊。

順敘與逆敘的選擇與運用

在口語表達中，順敘與逆敘應根據情境靈活選擇，以下是一些應用場景：

情境	適合順敘	適合逆敘
學術報告	√	X
新聞報導	√	√
故事演講	√	√
法庭辯論	X	√
傳記與回憶錄	√	√
商業簡報	√	X

如何掌握順敘與逆敘的平衡

先順敘，後逆敘

在一些長篇的演講或故事中，先使用順敘讓聽眾了解背景，接著在關鍵時刻使用逆敘，以製造懸念。例如：

- 先描述公司的創立歷程（順敘）。
- 接著回顧一次重大危機，從結果開始講述（逆敘）。
- 最後總結企業如何克服困難，再回到當前的成功（順敘）。

逆敘開場，順敘展開

有些演講者會先用逆敘引起興趣，然後再用順敘鋪陳。例如：

- 先說出故事的結局：「這是一個讓世界震驚的事件。」
- 再慢慢回溯故事的背景與發展。

避免不必要的逆敘

逆敘的確能夠吸引聽眾，但若過度使用，可能會讓人困惑。因此，只有在需要強調某個結果、引發懸念或增強戲劇效果時，才適合使用逆敘。

順敘與逆敘的靈活應用

順敘與逆敘是敘述技巧中的兩種重要方法，各有優勢與適用場合：

- **順敘**適合用於一般性事件的陳述，邏輯清晰，讓人容易理解。
- **逆敘**適合需要引起興趣或強調關鍵情節的場合，能夠製造懸念、加強戲劇張力。

在實際應用中，講話者應根據演講目標與聽眾需求靈活運用順敘與逆敘，確保表達既有條理，又能吸引聽眾的注意，讓講話更加生動有力。

第三章　口才表達的藝術：掌握溝通的關鍵技巧

合敘與分敘的技巧

在敘述技巧中，合敘與分敘是兩種常見的表達方式，能夠幫助講話者更有層次地組織內容，使語言邏輯清晰、層次分明，讓聽眾能夠更容易理解並接受資訊。

合敘：總括後再細述

合敘，又稱總敘，是在敘述人物、事件、情況時，先對整體情境進行概括，然後再分別加以陳述。合敘的特點如下：

- **幫助聽眾建立整體框架**，在細節展開前先掌握大致內容。
- **提升論述的說服力**，先確立論點，再透過具體事例支撐。
- **使內容層次分明**，避免散亂無序的陳述。

案例分析：馬丁・路德・金恩的《我有一個夢》

在 1963 年的華盛頓大遊行中，馬丁・路德・金恩（Martin Luther King Jr.）發表了著名的《我有一個夢》演講，其中運用了合敘技巧：

「我夢想有一天，這個國家會站立起來，真正實現其信條的真諦：『我們認為這些真理是不言而喻的，人人生而平等。』」

這句話作為開場，先確立了他的核心論點 —— 種族平等。接著，他分別舉例說明黑人面臨的不公、各地的種族隔離現象，並陳述未來應該實現的願景，最後再回歸主題，強調他的夢想是所有美國人的夢想。

這種先總述再分述的方式，使整場演講層次分明，增強了感染力和號召力。

分敘：對不同事物或事件分別敘述

分敘，又稱平敘，是將同一時間內發生於不同地點的幾件事情，或者與某一論點相關的不同案例，分開敘述，使內容更清晰易懂。分敘的特點如下：

- 適合敘述多線並行的事件，例如歷史事件、戰爭、社會運動等。
- 能夠強化論述，透過不同的案例來支撐相同的論點。
- 使敘事結構更有變化，避免單調直述，增加聽眾的興趣。

案例分析：二戰領導人的決策

在描述第二次世界大戰的關鍵決策時，歷史學家經常運用分敘的手法。例如：

- 美國總統羅斯福（Franklin D. Roosevelt）：如何推動《租借法案》，支援英國對抗納粹德國。
- 英國首相邱吉爾（Winston Churchill）：如何鼓舞英國民眾，堅持「不投降」的戰略。
- 蘇聯領袖史達林（Joseph Stalin）：如何在史達林格勒戰役中進行戰略反擊。

這些決策雖然互相關聯，但分開敘述，使讀者能夠理解每位領導人的個別戰略及其對戰爭的影響。

合敘與分敘的搭配運用

在許多場合，合敘與分敘是相互配合使用的，通常的結構如下：

- **先合敘**：先概括整體背景或主要觀點。
- **再分敘**：針對不同的案例、事件或人物分別敘述。
- **最後再合敘**：進行總結，強調論點或引發深思。

案例分析：亞馬遜創辦人的成功之道

在分析亞馬遜創辦人傑夫・貝佐斯（Jeff Bezos）如何建立全球最大電商平臺時，可以運用「合敘＋分敘」的方式：

合敘：

「亞馬遜的成功，不僅僅來自於電子商務的發展，而是來自於傑夫・貝佐斯對創新、顧客體驗和技術應用的執著追求。」

分敘：

- **創新**：從線上書店轉型為全球綜合電商。
- **顧客體驗**：建立強大的物流體系與會員制度（Prime）。
- **技術應用**：開發 AWS（亞馬遜雲端服務），成為科技巨頭。

總結合敘：

「亞馬遜的崛起並非偶然，而是來自於貝佐斯對長遠目標的執行力與持續創新。」

這樣的架構，能夠幫助聽眾快速掌握亞馬遜成功的關鍵因素，同時對每個細節有更深入的了解。

合敘與分敘的應用場合

應用場景	適合合敘	適合分敘
新聞報導	√	√
學術講座	√	√
商業簡報	√	√
歷史敘述	√	√
個人故事	√	X
法庭辯論	X	√

如何靈活運用合敘與分敘

(1) 簡明扼要的合敘

如果內容較多且較複雜,合敘的部分應該簡明扼要,例如:

「在歷史上,科技創新的突破往往伴隨著偉大的企業家。接下來,我們將探討三位對世界影響深遠的企業家——愛迪生、史蒂夫·賈伯斯和馬斯克。」

(2) 具體清晰的分敘

當進行分敘時,應該確保每個部分都清晰可辨,並且有邏輯上的連繫,例如:

- **愛迪生(ThomasEdison)**:發明電燈,改變人類的夜晚生活。
- **史蒂夫·賈伯斯(SteveJobs)**:改變數位科技,影響智慧型手機產業。
- **伊隆·馬斯克(ElonMusk)**:推動太空探索與電動車革命。

這樣的分敘方式,讓聽眾能夠逐步掌握各個企業家的貢獻。

(3) 結尾再次合敘

結尾時應該回到主題，進行合敘總結：

「這三位企業家雖然來自不同時代，但他們的共同點是勇於創新，改變了人類的生活方式。他們的故事告訴我們，科技創新與企業精神的結合，才是推動社會進步的關鍵。」

合敘與分敘的靈活應用

合敘與分敘是敘述技巧中的兩種重要方法：

- **合敘**能夠建立整體概念，幫助聽眾抓住重點。
- **分敘**能夠細緻剖析不同案例，使內容更加豐富、有層次。

在實際運用時，應根據講話目的、內容的複雜程度與聽眾的接受能力，靈活調整合敘與分敘的比例，確保表達既清楚又生動，使資訊傳遞更具條理性與說服力。

特敘與複敘的技巧

在口語表達中，敘述方式對於語言的表達力、感染力起著關鍵作用。其中，特敘與複敘是兩種常見的敘述技巧，運用得當，可以增強語言的表現力，使演講或溝通更具說服力和感染力。

特敘：重點突出的詳盡描述

特敘指在表達中，對某一關鍵內容進行特別詳盡的敘述，以強調其重要性或突顯其影響力。這種技巧適用於強調某個觀點、表達強烈情感或揭示事物的本質。

案例分析：巴拉克・歐巴馬 2008 年勝選演說

2008 年 11 月 4 日，美國第 44 任總統巴拉克・歐巴馬（Barack Obama）在芝加哥發表勝選演說時，運用了特敘技巧，透過具體的個人故事來強調希望與變革的主題，讓演講更具感染力。

在演講中，他特別講述了一位 106 歲的女性選民——安・尼克森・庫珀（Ann Nixon Cooper）的故事，藉此展現美國社會的變遷與進步：

「今晚，我想講一位投票的女性，她跟我們所有人一樣，幫助推動了這場歷史性的選舉。但她並不出名，她不是富翁或名人。她是亞特蘭大的一位 106 歲的黑人女性——安・尼克森・庫珀（Ann Nixon Cooper）。」

第三章　口才表達的藝術：掌握溝通的關鍵技巧

「當她出生時，女性還沒有投票權。當她年輕時，黑人無法自由發聲。當她長大成人時，經濟大蕭條讓她與許多家庭陷入困境。她曾看到國家捲入戰爭，看到種族隔離的高牆樹立與倒塌……然而今晚，在美國，她用自己的選票告訴我們，改變是可能的。」

這段演講中，歐巴馬透過特敘，用一位老婦人的一生經歷來具體化美國的歷史與變革，使「希望與改變」這一抽象理念變得可感知、可觸碰。透過細膩的描述，他強調了社會的進步，讓聽眾產生強烈的共鳴與激勵。

特敘的應用場景：

- **強調核心價值**：透過個人故事或細節描述，讓理念更加鮮明。
- **引發情感共鳴**：細緻刻劃人物，使聽眾能感同身受。
- **加強說服力**：具體的場景與例證比抽象論述更具說服力。

複敘：強化印象的重複表達

複敘（或稱複述）是一種透過重複詞語、句子或句型來增強語言節奏、強化情感、加深聽眾印象的技巧。它並不是簡單的重複，而是有意識地在不同語境中強調關鍵內容，使語言更具層次感與感染力。

案例分析：馬丁・路德・金恩《我有一個夢》的演講

1963年，馬丁・路德・金恩（Martin Luther King Jr.）在《我有一個夢》的演講中，運用了複敘的技巧，使演講充滿力量：

「我夢想有一天，這個國家將站起來，真正實現其信條的真諦：『我們認為這些真理是不言而喻的，人人生而平等。』」

「我夢想有一天，在喬治亞州的紅色丘陵上，奴隸的子孫和奴隸主的子孫能夠一起坐在兄弟情誼的桌子旁。」

「我夢想有一天，我的四個孩子將生活在一個不以他們的膚色，而是以品格的內涵來評價他們的國家。」

「我夢想有一天……」

「我夢想有一天」這句話反覆出現在演講中，形成強烈的節奏感，並加深了聽眾對核心理念的印象，使這場演講成為歷史上的經典。

複敘的應用場景：

- **增強語言節奏感**：透過重複關鍵句式，使語言更具音樂感。
- **加深觀點印象**：透過強調關鍵字，使聽眾更容易記住重點。
- **激發情感共鳴**：透過反覆強調，使情緒更具渲染力。

特敘與複敘的結合應用

在許多經典的演講、文學作品或辯論中，特敘與複敘經常結合使用，相輔相成。特敘能夠提供豐富的細節，而複敘則能夠強化印象，使內容更加有力。

案例分析：美國甘迺迪總統的就職演講

1961 年，美國總統約翰・甘迺迪（John F. Kennedy）在就職演說中，將特敘與複敘結合：

「讓每個國家都知道，不管他們願意與我們為友或為敵，我們將為生存與成功付出任何代價，承擔任何負擔，克服任何困難，支持任何朋友，反對任何敵人，以確保自由的存續與勝利。」

這段話透過特敘細緻描述美國對自由的承諾，同時透過「任何（any）」的重複運用，使語言更具震撼力。

如何靈活運用特敘與複敘：

■ **用特敘鋪陳情境**，提供豐富細節，讓聽眾深入理解。
■ **用複敘強化印象**，讓核心概念更具衝擊力。
■ **在結論中再次運用複敘**，確保聽眾記住關鍵訊息。

特敘與複敘的應用場合

應用場景	適合特敘	適合複敘
演講	√	√
新聞報導	√	X
學術報告	√	X
文學創作	√	√
法庭辯論	√	√

結論：如何有效運用特敘與複敘

特敘與複敘的使用，需要根據具體情境來決定：

■ 當需要詳盡闡述時，使用特敘，提供細節，讓內容更有說服力。
■ 當需要強調核心觀點時，使用複敘，透過重複來加強記憶點。
■ 在演講與辯論中，兩者可以結合，先特敘鋪墊，再用複敘強化印象，使語言更具感染力。

適當運用這兩種技巧，不僅能增強口語表達的影響力，也能使內容更加生動、震撼人心。

歸納說理技巧：
從個別到普遍的論證方式

歸納說理是一種以事實為基礎，透過多個具體事例，總結出普遍規律的說理技巧。這種方法符合人類的認知過程，能夠使論點更加具體、可信，並強化說服力。

歸納說理的基本特點

歸納說理的核心在於透過具體事例來推導出普遍性的結論，主要具備以下特點：

- **從個別到一般**：透過多個案例找出共同點，推導出普遍的規律。
- **符合認知規律**：人們往往從具體事物的認識開始，逐步歸納出更高層次的理解。
- **有說服力**：透過真實案例的累積，使論證更加有理有據，增強聽眾的認同感。

亞里斯多德在《論辯篇》中指出：「歸納法是有說服力和簡單明瞭的，從感性認識的觀點看來是比較方便和簡單易行的。」這也說明了歸納說理在論證中的重要性。

第三章　口才表達的藝術：掌握溝通的關鍵技巧

歸納說理的應用案例

案例分析：馬哈特瑪・甘地的非暴力運動

印度獨立運動領袖聖雄甘地（Mahatma Gandhi）在推動印度脫離英國殖民統治時，強調「非暴力抗爭」的重要性。他在演講中使用了歸納說理的技巧：

「歷史上，暴力從未真正帶來和平。看看印度，我們在19世紀的叛亂中使用暴力，結果只是遭受更大的鎮壓；看看美國，內戰導致無數家庭破裂；看看歐洲，第一次世界大戰以暴制暴，結果卻只是孕育了第二次世界大戰。暴力永遠無法解決問題，唯有透過非暴力，才能真正帶來長久的自由。」

在這段話中，甘地引用了多個歷史事件（印度叛亂、美國內戰、歐洲戰爭），來支持他的論點——「暴力無法真正解決問題，唯有非暴力才能帶來長久和平。」這正是歸納說理的典型運用。

如何有效運用歸納說理技巧

在實際的演講與論證中，使用歸納說理時，需要掌握以下幾點原則：

選擇典型事例

事例的選擇應該具備代表性，能夠有效支撐論點。例如：

- **談論環保問題**：可以舉例「亞馬遜雨林的砍伐導致全球氣候變遷加劇」、「中國霧霾問題與空氣汙染的關聯」、「歐盟限制塑膠袋使用後環境改善」等來支持「環保政策的有效性」。

■ **談論教育改革**：可以引用「芬蘭教育模式的成功」、「美國 STEM 教育的推動」、「臺灣 108 課綱的變革」來支持「教育改革提升學生競爭力」。

確保事例的真實性

誇大或虛構事例會削弱說服力，因此應該引用歷史或當代真實發生的事件。例如：

■ **錯誤示範**：「所有企業家都靠運氣成功」，這種說法缺乏事例支撐，容易遭到質疑。
■ **正確示範**：「蘋果創辦人史蒂夫·賈伯斯、微軟創辦人比爾蓋茲和特斯拉創辦人馬斯克，他們的成功都來自於創新思維和市場洞察，而不僅僅是運氣。」

保持邏輯嚴謹

歸納推理應該建立在多個合理的事例之上，避免「以偏概全」的錯誤。例如：

■ **錯誤示範**：「某位學生成績優異是因為每天只讀書，所以所有學生只要每天讀書就能成功。」（忽略了其他學習因素）
■ **正確示範**：「多數成功的學者都保持高度的閱讀習慣，例如牛頓、愛因斯坦、達爾文等人，他們都認為持續學習是成功的關鍵。」（使用多個具體例子來支持論點）

第三章　口才表達的藝術：掌握溝通的關鍵技巧

歸納說理與其他說理技巧的結合

雖然歸納說理是一種強而有力的論證方法，但它通常需要與其他說理技巧搭配使用，以增強說服力：

說理技巧	運用方式	結合歸納說理的效果
類比說理	透過類似情境來解釋問題	可以補充歸納出的結論，使其更具普遍適用性
演繹說理	透過普遍規律推導個別結論	可以與歸納說理形成互補，確保推論的嚴謹性
對比說理	比較不同事件或觀點的異同	可以透過對照不同案例，使歸納出的結論更加鮮明

例如：在探討「**科技發展如何影響人類生活**」時，可以這樣組合運用：

- **歸納說理**：引用多個歷史事例（如蒸汽機、電力革命、網際網路）來說明科技如何改變社會。
- **類比說理**：將科技發展比喻為「人類進步的引擎」，進一步強調其影響力。
- **對比說理**：比較科技發展快與慢的國家，強調科技進步的重要性。

歸納說理的力量

歸納說理是一種符合人類認知習慣、易於理解且具有說服力的論證方式。當我們在演講、辯論或學術論證中使用歸納說理時，應該：

- **選擇典型且具代表性的事例**，確保其真實性和可信度。
- **確保邏輯嚴謹**，避免以偏概全或過度推論的錯誤。
- **適時結合其他說理技巧**，如類比說理、演繹推理與對比說理，以增強說服力。

歸納說理技巧：從個別到普遍的論證方式

　　在適當的場景下運用歸納說理，不僅能讓論點更具說服力，還能幫助聽眾更直觀地理解複雜概念，使口語表達更具影響力。

運用雙關的技巧：語言的幽默與深意

雙關是一種富有藝術性的修辭技巧，透過語義或語音的雙重含義，使句子在表達時更具趣味性、幽默感或隱含深意。這種手法常見於演講、辯論、文學作品和日常交流中，不僅能增加語言的感染力，還能巧妙地傳達某些訊息。

雙關的類型與運用

根據表現方式的不同，雙關可以分為語義雙關和諧音雙關。

(1) 語義雙關：一語多義，含蓄深遠

語義雙關是利用詞語的多義性，使句子在表面意思之外，還隱含另一層更深遠的含義，常見於外交場合、文學作品和政治演講中。

案例分析：溫斯頓・邱吉爾的機智應對

英國首相溫斯頓・邱吉爾（Winston Churchill）以機智風趣的言辭聞名。在一次國會辯論中，一位反對派議員批評邱吉爾說：「你看起來又胖又懶，根本不適合領導國家。」邱吉爾從容不迫地回應：

「的確，我的體重相當可觀。但值得慶幸的是，我的智慧與我的體重成正比。」

這句話表面上是承認自己的體重問題，但隨即轉換為智慧的象徵，巧妙地利用雙關語反擊了對手，使全場哄堂大笑，並讓批評者無言以對。

案例分析：美國總統林肯的幽默辯駁

亞伯拉罕・林肯（Abraham Lincoln）在一次辯論中，有人指責他的決策猶豫不決，他幽默地回應：

「如果你看到一條狗的尾巴，你能說那是另一條腿嗎？」反對者答：「當然不能！」林肯微笑著說：「正是如此，即使你把尾巴叫做腿，那它仍然只是一條尾巴。」

這裡，林肯用語義雙關來強調「名稱不能改變事實」，巧妙地駁斥了對方對他的指責，使整場辯論朝著有利於他的方向發展。

(2) 諧音雙關：語音相近，妙趣橫生

諧音雙關是利用詞語的發音相同或相近，使其在語音層面產生雙重含義，從而達到幽默、風趣或影射的效果。

案例分析：美國總統福特的機智回應

美國第 38 任總統傑福特（Gerald R. Ford）擅長以幽默和雙關語來回應問題。某次，當記者問到他的領導風格時，他笑著說：**「我是一輛福特，不是林肯。」**

這句話運用了雙關語：「林肯」（Lincoln）既是美國歷史上偉大的總統之一，也是高級汽車品牌；而「福特」（Ford）則是當時較平價、大眾化的汽車品牌。福特總統藉此展現他的平民形象，表達自己並非高高在上的精英，而是貼近百姓的領袖。

案例分析：愛因斯坦的機智比喻

愛因斯坦（Albert Einstein）曾經對相對論的概念做出這樣的形象說明：

第三章　口才表達的藝術：掌握溝通的關鍵技巧

「當你和心愛的人在一起，一個小時就像五分鐘；當你把手放在熱爐上，五分鐘卻像一個小時，這就是相對論。」

這裡，「時間的感知」是雙關詞，愛因斯坦利用它來比喻物理學中的相對論概念，使艱澀的理論變得通俗易懂。

雙關的運用原則

要成功運用雙關技巧，使其既幽默又不失智慧，需要注意以下幾點：

(1) 根據語境巧妙運用

雙關的關鍵在於上下文，過於生硬或牽強的雙關會讓人覺得刻意。例如：

適當的雙關：在正式場合，領導者可以用雙關來緩和氣氛，例如美國總統約翰·甘迺迪（John F. Kennedy）在演講中說：

「Ask not what your country can do for you, ask what you can do for your country.」（不要問你的國家能為你做什麼，要問你能為你的國家做什麼。）

這裡，「do for you」和「do for your country」形成對比，帶有語義雙關，強調了公民責任感。

不適當的雙關：如果在嚴肅的會議或悲傷的場合使用幽默的雙關，可能會顯得不合時宜。例如：在悼念場合使用雙關語，可能會讓人覺得不夠尊重。

(2) 避免過度刻意，保持自然

雙關應該自然而然地融入對話，而非強行製造。例如：

恰當的使用：當人們批評英國前首相邱吉爾嗜酒時，他幽默地回應：

運用雙關的技巧：語言的幽默與深意

「我從未想過要讓我的飲酒影響我的國家，但我的國家確實影響了我的飲酒。」

這句話巧妙地運用了雙關，不僅幽默，還暗示了戰爭時期的壓力與困境。

刻意的錯誤示範：「我愛我的狗，因為牠很忠誠。這就像是政治，因為有些人也只是裝作忠誠。」

這樣的雙關語過於直白，沒有隱含的趣味性，反而顯得生硬和刻意。

(3) 根據聽眾的理解能力來選擇

雙關的運用應該考慮到聽眾的背景和文化。例如：

在國際場合，使用**普遍可理解**的雙關語，例如：「Time flies like an arrow; fruit flies like a banana.」（時間像箭一樣飛逝；果蠅喜歡香蕉。）這種雙關能被大部分人理解。

在特定文化背景下，某些雙關可能無法被所有人領會。例如：中文的「熊貓外交」（指中國以大熊貓作為外交禮物）在外國人聽來可能不容易理解，但對華人來說是一種熟悉的政治術語。

雙關的魅力

雙關語作為一種修辭技巧，不僅能增添語言的趣味性，還能提升表達的含蓄性與深度。在運用雙關時，需要考慮語境、聽眾和表達的目的，確保雙關的效果達到最佳。

成功運用雙關的關鍵在於：

■ **語境恰當**，避免在不適合的場合使用。

第三章　口才表達的藝術：掌握溝通的關鍵技巧

■　**自然流暢**，不過度強調雙關的存在。
■　**適合聽眾**，確保受眾能夠理解其深意。

　　透過雙關，我們可以讓語言更具韻味、幽默感與深度，使對話更富感染力，進而提升說服力與表達力。

運用易色的技巧：語言色彩的巧妙轉換

　　易色是一種靈活的修辭方法，透過改變詞語的感情色彩或語體風格，使語言表達更具戲劇性、諷刺性或幽默感。這種技巧能夠強化表達的效果，使話語更加生動鮮明，具有更強的感染力和表達張力。

感情易色：褒貶反轉，情感強化

　　感情易色是指透過變更詞語的褒貶意義，使話語表達出與通常意義相反的感情色彩。這種技法能夠增強語言的感染力，使情感表達更加鮮明。

(1)化褒為貶：將正面詞語用於諷刺

　　即將本來帶有**正面評價**的詞語用作貶義詞，以達到諷刺、批評或挖苦的效果。

案例分析：馬克‧吐溫的諷刺妙語

　　美國作家馬克‧吐溫（Mark Twain）以犀利的諷刺聞名。有一次，他在報紙上發表評論，對某位政客進行批評：

　　「這位先生的確是個『天才』，因為他能把一場演講變成一場安眠秀。」

　　這裡，「天才」本是褒義詞，但馬克‧吐溫巧妙地運用感情易色，將其變為貶義詞，諷刺這位政客的演講無聊至極，聽眾都快睡著了。

第三章　口才表達的藝術：掌握溝通的關鍵技巧

案例分析：邱吉爾對對手的嘲諷

英國首相溫斯頓・邱吉爾（Winston Churchill）與政治對手激烈辯論時，對方指責他總是高談闊論，並嘲笑他的演說技巧。邱吉爾淡淡地回應：

「的確，我擁有這個『令人羨慕的優勢』——能讓人願意聽我說話，而不是希望我閉嘴。」

這裡，「令人羨慕的優勢」是邱吉爾對自己辯才的自嘲，但實際上是對對手的反擊，運用化褒為貶的手法，使得對手的攻擊反而變成了對他的讚美。

(2) 化貶為褒：將負面詞語轉化為肯定

即將原本帶有負面評價的詞語轉變為褒義詞，以表達積極的情感或態度。

案例分析：史蒂夫・賈伯斯的「固執精神」

蘋果創辦人史蒂夫・賈伯斯（Steve Jobs）以嚴苛和固執著稱。當媒體批評他過於「頑固」時，他回應道：

「如果你想創造卓越的產品，就必須有點『頑固』，而不是隨波逐流。」

在這裡，「頑固」本是貶義詞，但賈伯斯將其轉化為對完美追求的執著精神，讓這個詞彙帶有積極的意涵，強調成功所需的堅持與毅力。

案例分析：愛迪生的實驗精神

當記者問發明家托馬斯・愛迪生（Thomas Edison）如何面對無數次的失敗時，他笑著回答：

運用易色的技巧：語言色彩的巧妙轉換

「我沒有失敗，我只是發現了一萬種行不通的方法。」

這句話將「失敗」這個負面詞彙轉變為學習的過程，運用**化貶為褒**的技巧，巧妙地表達了樂觀精神，鼓舞人心。

語體易色：語言風格的反差與幽默

語體易色是指在正式語境中故意使用通俗或幽默的詞彙，或者在日常語境中使用過於正式的詞語，以製造戲劇性效果，增強語言的表現力和趣味性。

(1) 莊重詞彙的滑稽運用

有時候，將正式、莊重的詞彙應用於日常生活場景，會產生強烈的幽默感。

案例分析：美國喜劇演員的幽默對話

在一次喜劇脫口秀中，演員調侃餐廳的服務態度：

「我點了一杯咖啡，結果等了半個小時。服務生告訴我：『先生，請耐心等待，您的咖啡正在接受莊重而隆重的沖泡儀式。』」

這裡，「莊重而隆重的沖泡儀式」本該用於正式典禮，但用來形容沖咖啡，形成了強烈的語體易色，增添了喜劇效果。

(2) 日常詞彙的正式化，營造反諷

當一些粗俗或日常詞語被過度正式化時，會產生幽默或諷刺效果。

案例分析：奧斯卡頒獎典禮的幽默

在一次奧斯卡頒獎典禮上，主持人幽默地評論一位導演：

「他的電影充滿哲學深度，對於人性的刻劃可謂登峰造極。我們簡單地用一句話來形容：這是一部讓你在影院裡『如釋重負』的電影。」

這裡，「如釋重負」本是正式詞語，應用於人們從壓力中解脫，而主持人卻將其用來形容觀眾看完電影後的感受，暗指電影過於冗長或無聊，幽默地表達了觀點。

易色技巧的運用原則

雖然易色能夠增強語言的趣味性和表達力，但若使用不當，可能會造成誤解或冒犯。因此，應該注意以下原則：

(1) 根據語境靈活運用

- 在嚴肅場合，例如正式演講或學術討論，應避免過度使用易色，以免影響專業性。
- 在幽默、諷刺、廣告或演講中，可以適當運用易色來增強語言感染力。

(2) 避免過度誇張或違背常理

- 化褒為貶時，應確保不會過度侮辱或傷害對方。
- 化貶為褒時，應確保改變的詞彙仍然符合邏輯，而不會讓人感覺矯揉造作。

(3) 適合目標受眾

- 在新聞報導或正式文件中，應避免過度使用語體易色，以免降低文章的專業性。

運用易色的技巧：語言色彩的巧妙轉換

■ 在喜劇、辯論或演講場合，可以運用語體易色來增加趣味，吸引聽眾。

易色讓語言更具魅力

易色技巧的魅力在於它能改變語言的感情色彩或語體風格，使語言更具幽默感、諷刺性或表達張力。無論是在政治辯論、幽默演講，還是文學創作中，合理運用易色都能讓表達更具層次感，使聽眾或讀者更容易接受和理解訊息。

適時、巧妙地運用易色，將能讓語言更加靈動、生動，讓你的表達更加引人入勝！

第三章　口才表達的藝術：掌握溝通的關鍵技巧

類比說理技巧：透過比較推導道理

　　類比說理是一種有效的論證與說理技巧，透過比較兩類或兩個在某些方面具有相似屬性的事物，以此推導出相應的結論。這種技巧能夠幫助聽眾或讀者更直觀地理解抽象的概念，使論證更具說服力。類比的核心在於從個別推導個別，透過具體事物來印證另一件事物的本質或道理。

類比說理的基本原則

　　類比說理的有效性建立在以下幾個基本原則之上：

- **相似性原則**：兩個事物之間必須具有某些共同點，這些共同點應該是邏輯上可以對應的，而非牽強附會。
- **可驗證性原則**：被類比的事例應當有一定的事實基礎，避免使用不真實或過於極端的例子。
- **合理推導原則**：從類比出的共同點推導出結論時，應有清晰的邏輯鏈條，確保結論不違反邏輯規則。

類比說理的運用方式

　　類比說理技巧可廣泛應用於學術論證、政治辯論、商業演講和日常交流中。以下是幾種典型的類比說理方式：

(1) 透過生活經驗來說明抽象道理

案例分析：牛頓與蘋果的啟發

據說艾薩克·牛頓（Isaac Newton）在思考萬有引力時，看到蘋果從樹上掉落，便聯想到如果地球能吸引蘋果，那麼它是否也能吸引月球？這種類比讓牛頓推導出萬有引力定律。

在這個例子中：

- 蘋果墜落→月球軌道運行
- 地球對蘋果的吸引→地球對月球的引力這種類比幫助牛頓建立了統一的引力理論，這正是類比說理的力量。

(2) 運用熟悉事物來解釋陌生概念

案例分析：愛因斯坦解釋「相對論」

愛因斯坦（Albert Einstein）曾用一個形象的比喻來解釋「時間的相對性」：

「當你與愛人坐在一起時，一個小時過得像五分鐘；但當你把手放在火爐上，五分鐘卻像一個小時。」

這裡，他透過情境體驗（戀愛中的愉悅 vs. 身體的痛苦）來類比時間的相對性，使得原本複雜的物理概念變得易於理解。

(3) 利用歷史案例來支持當前觀點

案例分析：林肯與民主制度的比喻

美國總統亞伯拉罕·林肯（Abraham Lincoln）曾說：

「民主就像一艘船，每個公民都是船員，若要航行順利，就必須讓所有人同心協力。」

這種類比將國家治理比喻為操縱船隻:

- 政府→船長
- 人民→船員
- 法律與制度→船的結構與航線

這種簡單而形象的比喻,使得民主制度的概念更加直觀,增強了說服力。

如何有效運用類比說理

在演講、寫作或辯論中,合理運用類比能夠使論點更具說服力,但也要注意避免誤用。以下是幾個關鍵技巧:

(1) 選擇恰當的類比事例

選擇聽眾熟悉的事物,以確保類比易於理解。例如:對商業人士談論市場競爭時,可以用「體育比賽」來類比,而非過於專業的科學概念。

(2) 確保類比的相似性具有邏輯關聯

若兩個事物的相似性只是表面上的,而無法推導出合理的結論,那麼類比可能會被認為是錯誤推理。例如:「地球圓的,橘子也是圓的,所以地球就像一顆橘子」,這種類比並不能提供有效的論證。

(3) 避免類比的誤用(錯誤類比)

不當的類比可能導致錯誤的推論。例如:「國家就像一家公司,應該以盈利為目的」,這種類比忽略了國家與企業在本質上的不同(國家治理涉及公共服務、社會福利,而企業主要是營利機構),因此並不完全成立。

類比讓說理更具說服力

　　類比說理的技巧能夠將抽象概念轉化為具體形象，幫助聽眾或讀者迅速理解和接受觀點。在日常交流、演講、辯論或學術論證中，合理運用類比可以提升表達的說服力，使論證更加直觀、生動。

　　然而，類比應該基於合理的邏輯關聯，避免過於牽強或錯誤推理。透過適當的選材、嚴謹的邏輯推理以及對聽眾需求的考量，類比說理將成為一項強大的表達工具，使你的論述更具影響力！

第三章　口才表達的藝術：掌握溝通的關鍵技巧

演繹說理技巧：從普遍原則推導個別結論

演繹說理是一種基於邏輯推理的說理技巧，根據已被公認或符合客觀規律的普遍原則，來推斷個別事物，從而得出新的結論或觀點。這種說理方法符合人類認知從一般到個別的規律，使論證更具邏輯性和說服力。

演繹說理的基本結構

演繹推理又稱為**三段論證法**（Syllogism），通常由三個部分構成：

大前提（普遍原理）：提出普遍適用的基本法則或事實。

小前提（個別事例）：將某一具體事物納入大前提的範疇。

結論（推論結果）：根據大前提和小前提，得出邏輯推論。

其邏輯公式如下：

所有 M 都是 P，

所有 S 都是 M，

所以，所有 S 都是 P。

例如：

- 所有人都是會死的。（大前提）
- 蘇格拉底是人。（小前提）
- 所以，蘇格拉底是會死的。（結論）

演繹說理技巧：從普遍原則推導個別結論

這種推理方式被廣泛應用於哲學、法律、科學論證以及日常邏輯思維中。

演繹說理的應用案例

(1)運用普遍法則來解釋具展現象

案例分析：亞里斯多德的邏輯推理

古希臘哲學家亞里斯多德（Aristotle）在其著作《工具論》中，運用了三段論法來推導倫理學中的道德規範：

所有美德都能帶來幸福。（大前提）

正直是一種美德。（小前提）

所以，正直能帶來幸福。（結論）

這種推理方式將抽象的倫理概念與個別行為連繫起來，使其更具說服力。

(2)透過科學原理來說明個別事例

案例分析：伽利略的自由落體實驗

伽利略（GalileoGalilei）在研究物理學時，透過演繹推理來驗證自由落體理論：

所有物體在真空中會以相同速度下落。（大前提）

羽毛和鐵球都是物體。（小前提）

所以，羽毛和鐵球在真空中會以相同速度下落。（結論）

為了驗證這一推論，伽利略設計了比薩斜塔實驗，最終推翻了亞里斯多德「重物比輕物下落更快」的錯誤理論，為現代物理學奠定了基礎。

(3) 法律論證中的演繹說理

案例分析：美國最高法院的判決

在**美國最高法院**的許多裁決中，法官經常使用演繹推理來判定案件是否符合憲法：

- **所有人都應享有平等權利。**（大前提，基於《美國憲法》）
- **某人因種族歧視而被拒絕工作機會。**（小前提）
- **所以，該行為違反憲法。**（結論）

透過這種推理方式，法庭能夠確保判決的合理性，並在法律框架內進行裁決。

如何有效運用演繹說理

要有效運用演繹推理，必須注意以下幾個關鍵要點：

(1) 確保大前提的正確性

大前提必須是客觀事實或公認的普遍規律，如果前提錯誤，整個推理就會失效。

例如：「所有年輕人都不可靠」這種大前提顯然是不成立的，因為它違背了客觀事實。

(2) 大前提與小前提之間要有必然連繫

兩者的連繫必須是邏輯上的，而非牽強附會。

例如：「所有富人都幸福」這個前提並不一定成立，因為財富與幸福並沒有必然的邏輯連繫。

(3) 避免「以偏概全」的謬誤

有時候，某些看似普遍的原則實際上只是某些特例，這種情況下運用演繹推理可能會產生錯誤的結論。

例如：「某個國家的經濟政策成功了，所以所有國家都應該採用相同的政策」，這種推論忽略了其他國家的特殊情況，屬於邏輯錯誤。

演繹說理的力量與應用

演繹說理是一種強大而嚴謹的論證方式，它透過普遍原則推導個別結論，為論述提供了嚴密的邏輯支持。它廣泛應用於：

- **科學研究**（從物理定律推導新結論）
- **哲學思考**（從普遍倫理推導行為規範）
- **法律判決**（從法律條文推導案件裁決）
- **日常溝通**（用公認原則來說服他人）

然而，運用演繹推理時，必須確保前提的正確性，以及前提之間的邏輯連繫，避免誤用或邏輯謬誤。當演繹推理與歸納推理結合時，能夠形成完整的說理體系，使論述更加有力、清晰且具說服力。

第三章　口才表達的藝術：掌握溝通的關鍵技巧

其他表達技巧：提升口語表達的藝術

在口才表達技巧中，除了敘述、說理、反駁、修辭等基本技巧外，還有幾種常用的表達方法，這些技巧能夠幫助我們更有效地與人溝通，提高說話的影響力。

委婉曲折法

透過迂迴表達達成說話目的

在人際交往中，直率的表達固然是優點，但在某些情境下，過於直言不諱可能會引起反感，甚至導致對立。這時候，可以運用**委婉曲折法**，即採取間接、迂迴的方式來傳達訊息，讓對方心悅誠服地接受觀點。

案例分析：溫斯頓・邱吉爾的智慧迂迴

有一次，英國首相溫斯頓・邱吉爾（WinstonChurchill）在國會上遭到某位議員的強烈批評。該議員咄咄逼人地指責邱吉爾政策失當，並說：「如果我是您的妻子，我一定會在您的茶裡下毒！」

邱吉爾微笑著回應：「如果我是您的丈夫，我會毫不猶豫地把它喝下去。」

這段話**既不直接對抗，也不失幽默**，巧妙地化解了對方的攻擊，讓聽者不禁莞爾。

無效應對法

在無法明確回應的情況下巧妙迴避

在某些情境下,我們可能不願意或無法直接回答對方的問題,例如外交事務、機密話題或是過於敏感的問題,這時候就可以採用**無效應對**的方式,也就是**說了等於沒說**,但又不會讓對方感到無禮或生硬。

案例分析:美國總統甘迺迪的機智回應

當時,美國總統**約翰·甘迺迪**(JohnF.Kennedy)被記者問及一個敏感問題:「您是否會參選下一屆總統?」

甘迺迪微笑著說:「讓我們先贏得這一次選舉,然後再來討論下一次吧。」

這種回答既沒有正面回應問題,又讓對方無法追問,成功避開了敏感話題。

模糊其說法

在模糊與精確之間找到平衡

有時候,清晰的回答可能會引發不必要的爭議,這時模糊其說反而能讓話語更有彈性,給自己和對方留有空間。

案例分析:馬斯克對推特(X)內容審查政策的模糊表態

科技企業家伊隆·馬斯克(Elon Musk)於 2022 年收購推特(現改名 X)後,面對外界對內容審查政策的關注時,採用了模糊表述來應對爭議,避免明確站邊。

當被問及推特是否會放寬內容審查標準,允許更多爭議性言論時,

第三章　口才表達的藝術：掌握溝通的關鍵技巧

馬斯克並未直接表態，而是回應：

「推特將成為言論自由的廣場，但言論自由不等於沒有後果。」

這句話沒有明確定義「言論自由的邊界」，既讓支持言論自由的群體覺得推特會變得更開放，也讓擔心假訊息與仇恨言論的群體認為仍會有一定規範。這種策略讓他在政治敏感的環境中保有談判空間，避免立即引發過大的反彈。

模糊其說的應用場景：

- **避免爭議**：當明確立場可能導致不必要的衝突時，模糊表達能降低風險。
- **維持彈性**：讓自己在未來仍保有調整空間，而不被言論綁死。
- **迎合不同受眾**：讓不同立場的人都能從中解讀出對自己有利的資訊。

馬斯克的回應展現了模糊表述在商業與公共溝通中的戰略價值，使他能夠應對各方壓力，同時維持一定的靈活性。

恥辱同受法

透過關聯對方來反擊侮辱

當面對人格侮辱或不公平指責時，除了直接反駁外，還可以採取恥辱同受法，即將對方與自己連繫在一起，讓對方意識到自己的言行不僅傷害到你，也影響到他自身的尊嚴或價值觀。

案例分析：美國人權運動領袖馬丁・路德・金恩

在美國民權運動期間，一名反對者對**馬丁・路德・金恩**（Martin Luther King Jr.）說：「你們這些黑人憑什麼要求與我們平等？」

金恩回答:「如果一個人只因為膚色不同就不配與你平等,那麼你如何向你的孩子解釋人類的價值?」

這種將對方捲入共同的價值體系的說話方式,能讓對方無法繼續強硬立場。

安慰的口才

透過言語撫慰他人情緒

在日常生活中,安慰他人是一項重要的溝通技巧。有效的安慰能讓對方感受到支持、減少孤獨感,並重拾信心。

(1) 選擇適當時機

例如:在得知朋友失戀時,先讓他抒發情緒,然後再適時安慰,而非一開始就說「別難過」或「還有更好的人」。

(2) 運用側面安慰

當面對喪親者時,避免直接提及死者,反而可以聊一些其他生活的細節,例如:「最近天氣變冷了,你記得多穿點衣服。」

(3) 在安慰中給予鼓勵

一位失業的年輕人因為找不到工作而沮喪,父親對他說:

「現在的困難只是人生的一部分,你比昨天的自己更有經驗,這正是成功的養分。」

這種話語不僅帶來安慰,還能讓對方產生正向的心態。

第三章　口才表達的藝術：掌握溝通的關鍵技巧

靈活運用多種表達技巧

在不同的情境下，選擇合適的口才技巧，不僅能提高說話的影響力，還能讓我們的表達更具吸引力和說服力：

技巧	適用場景	關鍵效果
委婉曲折法	需要間接表達時	避免直接衝突，讓對方易於接受
無效應對法	無法或不便回答時	保持禮貌又不洩露資訊
模糊其說法	敏感問題或需保留彈性時	讓話語有餘地，避免矛盾
恥辱同受法	受到不公平指責時	讓對方認識到問題不僅關乎你，也關乎他
安慰的口才	他人遭遇困難時	緩解對方情緒，給予支持與鼓勵

口才不只是語言技巧，更是智慧與情商的展現。靈活運用這些表達方式，不僅能提升溝通能力，還能在社交與職場中展現卓越的影響力。

讚美的口才：
如何有效地表達讚美之詞

在日常交往中，人們都希望獲得他人的肯定與讚揚，而善於讚美別人，不僅能鼓舞對方，還能促進良好的人際關係。然而，真正有效的讚美必須具備技巧，既要出於真誠，也要講求方式與時機。

審時度勢，因人制宜

選擇合適的時機與方法

讚美的方式多種多樣，可以是面對面的直接讚美，也可以是在公眾場合的公開表揚，還可以是在私底下的正面評價。不同情境適用不同方式，才能讓讚美發揮最大效果。

階段性讚美

讚美的時機也至關重要。在對方剛開始展現某項優點時，及時給予鼓勵性的讚美，可以增強對方的信心。例如：

- **初見成效時的鼓勵**：「你最近開始健身，氣色好多了，繼續加油！」
- **成功達成目標時的肯定**：「這次的報告寫得很清晰，資料分析也很到位，看得出你的努力。」

透過不同階段的讚美，可以讓對方感受到成長的價值。

第三章　口才表達的藝術：掌握溝通的關鍵技巧

實事求是，措詞適當

讚美應基於事實

真誠的讚美不同於阿諛奉承，應該基於客觀事實，而不是為了討好或拉攏對方。例如：

- **正確的讚美**：「你的提案結構清晰，邏輯很嚴密，我特別喜歡你在結尾加入的行動建議。」
- **浮誇的讚美（不當）**：「你這個提案簡直完美無瑕，無人能及！」

過度的讚美可能讓對方覺得虛偽，甚至懷疑你的動機。因此，讚美時要保持適度，讓話語顯得樸實而有說服力。

熱誠具體，深入細緻

讓讚美更具體、更有溫度

籠統的讚美往往缺乏說服力，例如「你真棒！」、「這篇文章寫得很好！」，這樣的讚美容易讓人覺得敷衍。真正有效的讚美，應該具體指出對方的優點。例如：

- **籠統的讚美（較弱）**：「你的演講很棒！」
- **具體的讚美（更有效）**：「你的演講條理清晰，語速適中，尤其是開場時舉的那個例子，很吸引人！」

美國心理學家**海倫‧H‧克林納德**（HelenH.Klinard）認為，正確的讚美應包含三個要素：

讚美的口才：如何有效地表達讚美之詞

- **你喜歡的具體行為**（「你的報告結構清晰⋯」）
- **這種行為對你的幫助**（「讓我們更容易理解專案進度⋯」）
- **你對這種幫助的感受**（「這真的幫助了我們團隊提高效率！」）

這樣的讚美更容易讓人感到被肯定，並且記憶深刻。

攻其不備，出其不意

讚美不妨另闢蹊徑

當一個人長期在某個領域獲得大量讚美時，例如演員因演技出色而受到稱讚，科學家因研究成就而備受推崇，這些讚美可能已經變得稀鬆平常。因此，若能從他人未曾注意的細節出發，將會讓對方更加驚喜，甚至感動。例如：

- **對藝術家的讚美**：「你的畫作很棒，但我特別欣賞你對色彩搭配的細膩感，讓畫面更有層次感。」
- **對科學家的讚美**：「你的研究令人敬佩，但更讓我欽佩的是你在團隊管理上的耐心與細心。」

這種「意想不到的讚美」更能讓對方感受到你的關注與用心，進而留下深刻印象。

讚美應該有建設性

讚美可以激發更大的動力

除了單純表達對方的優點，讚美還可以帶有鼓勵與建議，讓對方產生進一步提升的動力。例如：

161

- **普通讚美**:「你的文章寫得很好!」
- **建設性讚美**:「你的文章分析得很深入,若能在結論部分提供更多行動建議,會更具影響力!」

這種讚美不僅讓對方感受到肯定,也讓他看到進步的空間,激發進一步成長的動力。

讚美與幽默結合

用幽默增加讚美的親和力

有時候,讚美可以帶點幽默感,讓氣氛更輕鬆自然。例如:

- **職場中的幽默讚美**:「這次簡報太精彩了,我都懷疑你是不是偷偷修了個演講學位!」
- **朋友間的幽默讚美**:「你的手藝太好了,讓我差點懷疑你是不是星級廚師藏身民間!」

這種帶有趣味性的讚美能夠拉近距離,讓對方感受到讚美的誠意與親切感。

總結:有效的讚美能帶來強大影響力

讚美不僅僅是一種表達,更是一種影響他人、激勵對方的強大工具。運用正確的方法,可以讓讚美更加有力,也能讓對方產生長遠的正面影響。

讚美技巧	適用場景	關鍵效果
審時度勢，因人制宜	根據場景與對象調整讚美方式	讓讚美更具影響力
實事求是，措詞適當	避免過度讚美或虛假奉承	讓讚美更具真誠
熱誠具體，深入細緻	避免籠統讚美，聚焦細節	讓對方感受到真誠關注
攻其不備，出其不意	從意想不到的角度給予讚美	讓讚美更具驚喜感
讚美應該有建設性	讓對方看到進步的可能	激發進一步的動力
幽默讚美	在輕鬆場合增加親和力	讓讚美更具趣味性

　　善用讚美的技巧，不僅能夠提升人際關係，還能激發他人積極向上的動力，讓溝通更加有效、充滿溫度。

第三章　口才表達的藝術：掌握溝通的關鍵技巧

批評的藝術：
如何有效且有建設性地批評他人

批評，作為一種重要的交流技巧，是改進自我與他人、推動積極變化的工具。然而，批評若不當，容易引起反感和牴觸情緒。因此，掌握批評的藝術至關重要，既要注重方式方法，又要懂得適時適度。

體諒對方的情緒，取得信任

站在對方立場思考

批評前，了解對方的情緒是非常重要的。當批評的內容對方無法輕易接受時，應該從對方的角度來理解問題，並避免突然的強硬語氣。如果批評者能夠表達出體貼和理解，對方更容易接受建議。尊重對方的感受和情緒，是成功批評的首要條件。

考慮場合和時機

批評應該考慮場合。如果在不適當的時間或公共場合批評他人，容易讓對方感到羞愧或尷尬。因此，選擇合適的場景進行批評是關鍵。

誠懇而友好的態度

批評語氣的柔和

批評如果語氣生硬或過於強硬，往往會引起對方的反感，甚至讓關係變得緊張。相反，誠懇而友好的態度能夠讓對方感受到關心，降低防衛心理，從而接受批評。要讓批評聽起來像是建議而非指責。

態度的正向性

表達批評時，保持正向和鼓勵的語氣可以減少矛盾，並讓對方感受到自己被尊重，這有助於創建正向的交流氛圍。

把批評用作鼓勵

隱惡揚善，從正面批評

批評的最佳形式是鼓勵性批評，即從正面來改正對方的缺點。這是一種含蓄的批評方式，它不僅指出問題，還強調對方的優勢和潛力。這種批評方法不會讓對方產生牴觸情緒，反而能激發他們的改進動力。

例如：當一位員工的報告格式有些混亂時，可以這樣說：「你的分析很有深度，未來如果能將資料呈現得更清晰些，會更具說服力。」這樣的批評既指出了問題，又給予了具體建議。

避免傷及人格

聚焦問題，避免人身攻擊

批評時，必須專注於行為和具體的問題，而非人身攻擊。避免將個人的缺點與人格捆綁在一起，這樣容易激起對方的防衛心理，並使批評無效。

例如：批評對方的態度時，可以說「你今天的態度有些急躁，這影響了工作的進展」，而不是說「你就是個脾氣暴躁的人」。

具體明確，避免籠統批評

具體問題具體分析

批評時應該清楚具體，避免抽象籠統。例如：批評一位學生的作業

應該指出具體的問題所在，如「你的語法有些錯誤，請再檢查下句子的結構」而不是「你的作業做得不行」。具體的批評更容易讓對方理解並改進。

語氣親切，避免武斷生硬

尊重對方，避免居高臨下

批評語氣應該溫和親切，避免帶有指責或武斷的語氣。語氣親切不僅能減少對方的心理壓力，也能增強批評的說服力。如果批評者語氣生硬，容易讓對方感覺到不被尊重，進而對批評產生反感。

建議定向，避免空泛批評

提供具體的改進建議

批評不僅要指出問題，還應提供具體的改進建議。這樣的批評才有建設性，能幫助對方從錯誤中學習和改進。例如：當批評一位同事的工作時，應該提出具體的改善方案，而不僅僅是指出問題本身。

讚揚與批評結合

先讚後批，減少牴觸情緒

批評時，先讚揚對方的優點，再指出需要改進的地方，可以減少對方的牴觸情緒。這樣既能讓對方感受到自己的努力被認可，也能更容易接受批評。

例如：對一位演講者的評價可以是：「你的內容非常充實，演講也非常有條理，不過如果能多加些互動，觀眾的反應會更熱烈。」

批評的技巧

有效的批評不僅需要技巧，還需要真誠的態度和對他人的尊重。批評的目的應該是幫助對方改進，而不是單純的指責。在批評的過程中，講究語氣、時機、場所及具體內容，是達到預期效果的關鍵。

批評技巧	具體應用	關鍵效果
體諒對方情緒，取得信任	站在對方立場思考，避免引起對立	增加對方的接受度
誠懇而友好的態度	保持正向且友好的語氣	減少反感和對立情緒
鼓勵性批評	強調對方的優點，給予具體改進建議	激發對方改進的動力
專注問題，不傷人格	避免人身攻擊，專注具體行為	促進建設性改進
具體明確，避免籠統	提供具體的事實和建議	使批評更具指導意義
語氣親切，避免武斷	使用友好、尊重的語氣	減少對方的防衛心理
建議定向，避免空泛	提供具體可行的改進方向	增強批評的實用性

批評有其必要性，正確的批評方法能幫助他人發現自己的不足，促使成長。

第三章　口才表達的藝術：掌握溝通的關鍵技巧

交談口才：如何促進有效且和諧的對話

交談是一種雙向的口語交流活動，是日常生活中最基本且常見的交流方式。無論是在家庭、工作還是朋友之間，交談都是增進理解、建立關係、解決問題的重要手段。然而，交談並不僅僅是隨意的對話，它也有一定的規律與技巧，學會正確的交談方式，能促使更順暢且和諧的溝通。

用玩笑話消除對方的緊張感

創造輕鬆氛圍

交談中的氣氛非常重要，尤其是在較為正式或初次見面的場合，如何營造輕鬆的氛圍是關鍵。例如：在面對對方的緊張情況時，用幽默的語言來化解尷尬，從而迅速緩解了緊張氣氛。幽默不僅能打破沉默，還能讓對方放鬆心情，使交流更為順暢。

切勿以自我為中心

開放式交流，尊重他人

交談應該是雙方平等的交流，而非單方面的表達。當一方過於自我中心，忽視對方的發言，容易造成對方的反感，使交談陷入僵局。成功的交談應該是互動的，而非一方單獨表達自己的觀點。

聆聽與尊重

尊重對方的觀點和感受，適時地聆聽，讓對方感受到他們的話語被重視。這樣不僅能促進更好的理解，還能建立起彼此的信任和尊重。

用有情趣和幽默性的語言

增添色彩，讓對話更生動

交談並不意味著一味的報告或說教。適當的幽默能讓對話更加生動，增添情趣，使雙方在輕鬆的氛圍中更容易理解彼此。例如：馬克‧吐溫的幽默就十分有名，他巧妙地將生活中的小事轉化為機智的語言，使得對話充滿樂趣。幽默不僅能夠減少壓力，還能幫助彼此更好地連繫和互動。

以情感人和以理服人相結合

情理並用，達成共識

有效的交談不僅僅依賴理性，也要結合情感。當我們談論一些敏感的話題時，如果僅僅依賴冷冰冰的理論和資料，容易讓對方感到距離。反之，如果情感表達過於激烈，則可能使人感到壓力。因此，情感和理智的平衡，是達成有效交談的關鍵。

運用無效而又有效的交談術

巧妙回應，保持距離

在某些情況下，交談者可能需要採取一種「不直接回應」的方式，來避免爭論或討論過於敏感的話題。這種無效的應對方法表面上看似沒有提供任何具體資訊，實際上卻能夠達到迴避尷尬或避免衝突的目的。例如：在一場舞會中，一位少女巧妙地用幽默和模糊的回應來避免對方的質問，同時也達到了自己拒絕的目的。

第三章　口才表達的藝術：掌握溝通的關鍵技巧

審時度勢，因人制宜

交談的方式應該根據不同的人物和場合進行調整。對於熟悉的人，交談可能比較輕鬆隨意，而對於不熟悉或較為正式的場合，則需要注意用語和態度的選擇。例如：在主管與下屬之間，選擇恰當的語言和態度，能更好地促進工作的進展和人際關係的和諧。

運用關鍵字，強化語言的力量

在交談中，有時候可以透過強化某些詞語或語句來增強語言的影響力。這樣的技巧可以幫助聽者更加集中注意力，並且提高語言的記憶度。例如：當涉及到複雜的觀點時，可以重複強調某些關鍵字或核心觀念，這不僅能幫助理解，還能讓聽者對話題產生更深刻的印象。

成功交談的關鍵

交談的成功不僅取決於語言的技巧，更重要的是情感的共鳴和雙方的互動。在日常交談中，適時的幽默、尊重、情感的表達以及針對性的回應，都是讓交談順利進行的重要因素。記住，交談是一種藝術，既要真誠，也要用心，這樣才能建立起有效、和諧的溝通橋梁。

交談技巧	具體應用	關鍵效果
幽默化解尷尬	用幽默減輕緊張氣氛	創造輕鬆、融洽的氛圍
避免自我中心	尊重他人，聆聽對方觀點	增進理解與互信
情趣與幽默	用風趣語言使對話生動有趣	增強交談的吸引力和趣味性
情理結合	融合情感和理智，達成共識	強化交流的效果與深度

交談技巧	具體應用	關鍵效果
無效應對	聰明回應，避免敏感話題	應對尷尬，維護良好氛圍
因人制宜	根據場合調整交談風格	增強話語的適應性和效果
強化語言	強調關鍵字或語句	提高語言的說服力和影響力

掌握這些技巧，能讓我們在日常生活和工作中更自如地進行有效且有建設性的交談，達到預期的交流效果。

第三章　口才表達的藝術：掌握溝通的關鍵技巧

提問口才：如何進行有效的提問

提問是日常交談中不可或缺的一部分。精妙的提問不僅能幫助你獲取資訊，還能促進人際溝通，達到理解他人、解決問題和達成目標的目的。有效的提問不僅需要技巧，還需要根據情境、對象和目的來調整。以下是一些關於提問口才的技巧，幫助你提升交談效果。

注意因人而異

根據對象調整問題

提問時，應該根據對方的性別、年齡、性格、知識水準和社會地位來選擇問題。對於不同的人，我們需要適當調整問題的語氣和內容。例如：對於性格外向的人，可以隨意提問；而對於較為內向的人，則應從簡單、輕鬆的問題開始，避免讓對方感到壓力或不安。這樣有助於建立信任，促進順暢的交流。

掌握最佳時機

適時提出問題

提出問題的時機十分重要。在對方忙碌或情緒不穩定時，應避免提出棘手或無關的問題。舉例來說，在兩位朋友見面時，他們可以隨意交流，問問工作和生活狀況；而如果是初次見面的場合，提問過於私人或

敏感的問題可能會讓對方感到不適。因此，要根據對方的情境來把握提問的時機。

問題具體明確

避免模糊問題

模稜兩可的問題容易讓對方無所適從，進而無法有效回答。具體而明確的問題不僅能引導對方思考，還能提高問題的回答品質。例如：不要問「你今天怎麼樣？」而應該問「今天你遇到的最有挑戰的事情是什麼？」這樣的問題能引導對方給出具體的反應。

講究邏輯順序

問題循序漸進

在提問時，應該遵循邏輯順序，從簡單、容易回答的問題開始，逐步過渡到更複雜、更深入的問題。這不僅可以減少對方的壓力，還能讓問題更具條理，有助於對方進一步深入思考。

保持靈活態度

根據情況靈活調整問題

提問不僅僅是語言的表達，還需要觀察對方的反應。當對方的回答不完全或避而不答時，可以調整問題的方式，採用不同的提問策略來追問。例如：可以用反問、設問或追問等方式來深入探討問題，直到得到滿意的答案。

第三章　口才表達的藝術：掌握溝通的關鍵技巧

準備多種提問方式

多樣化提問技巧

同一個問題可以用多種方式來提問，以便獲得更多角度的回答。常見的提問方式有：

正問：開門見山地提出問題。

反問：從相反的角度提出問題，迫使對方思考。

側問：間接地引導對方回答問題。

設問：設置假設情境，啟發對方思考。

追問：基於對方的回答深入追問，直到達到目標。

這些方法可以幫助你根據對方反應調整提問策略，從而獲得更多資訊。

措辭要得體

選擇合適的語言

提問時的措辭非常重要，不同的表達方式可能會引起不同的反應。使用過於激烈或挑剔的語言會讓對方感到不悅，而更加平和、禮貌的措辭會使對話進行得更加順利。比如：「你為什麼這樣做？」可以換成更為委婉的表達：「你是基於什麼樣的考慮來做這件事的呢？」

語氣和語調親切自然

保持輕鬆的語氣

無論提問的是什麼問題，都應該保持語氣自然、親切。過於生硬或命令式的語氣會讓對方感到壓力或防備，進而影響提問的效果。

比如：當你在詢問一個朋友的近況時，用輕鬆的語氣說：「最近過得怎麼樣？」而不是直接說：「告訴我你最近怎麼過的。」這樣會讓對方感到更加舒適。

成功提問的技巧

提問是提高人際溝通效果的關鍵之一。要想讓提問更有效，需根據對象、情境、問題的性質以及交談的目的來調整策略。正確的提問能促使資訊的流動，深化理解，建立信任，達到更好的交流效果。掌握了以上提問技巧，你將能夠更順利地進行交流，並在交往中取得更好的成果。

提問技巧	具體應用	關鍵效果
因人而異	根據對方性別、年齡、性格等調整問題	增強理解和避免誤解
掌握時機	根據對方的情況選擇最佳提問時機	減少不適當提問的風險
具體明確	提出具體且有針對性問題	引導清晰的回答
邏輯順序	按照事物的順序逐步提問	使問題進一步深入
靈活調整	隨時根據反應調整問題	提高反應的深度和品質
多種提問方式	提前準備不同提問方式	擴展問題的角度和深度
措辭得體	使用合適的語言來表達問題	改善提問效果，增進理解
語氣親切	保持自然、輕鬆的語氣	增加對話的舒適度

掌握這些技巧，能夠幫助你在任何情況下提出有效的問題，促進更高效的交流和理解。

第三章　口才表達的藝術：掌握溝通的關鍵技巧

答問口才：有效應對各種提問的技巧

　　答問是一種重要的口語表達方式，它能夠解釋和說明問題，對於增強溝通、解決疑問、提供建議以及引導對話都至關重要。在日常生活和專業場合中，答問的技巧可以幫助我們更好地表達自己的觀點，解答他人的疑惑，甚至化解尷尬的局面。以下是一些常見的答問技巧，幫助你提高答問的藝術水準。

直答：直接回答問題

　　直答是最簡單且最直接的答問方式，通常適用於簡單、明確的問題。這種方式強調透明和誠實，適合在大多數正式或日常交流中使用。透過直接回答對方的問題，能夠迅速建立信任並有效傳達資訊。

　　例子：

　　問：你們公司的新產品市場反響如何？

　　答：非常好，市場反響超出了我們的預期，我們已經達到了銷售目標的 80％。

分答：拆解問題，逐一回應

　　當面對複雜或帶有挑釁的問題時，分答是非常有用的技巧。這種方法要求我們先理解問題的各層含義，再將問題拆解成多個簡單問題來回答。這樣不僅能使回答更加清晰，還能有效避免對方挑起的矛盾。

例子：

問：你們這家公司為何總是推出品質不穩定的產品？

答：首先，我們公司一直以來都在不斷提升產品品質；其次，這些產品的問題多發生在生產初期，這是我們目前正在進行改進的地方。

變答：反轉問題，將被動變為主動

變答是一種巧妙的應對技巧，透過反問或轉換角度回應問題，將話題引導到自己想要討論的領域。這不僅能化解尷尬，還能讓對方感到困惑或尷尬。

例子：

女記者：您敢說卡特從來沒說過謊嗎？

卡特母親：也許我兒子說過謊，但都是善意的。妳記得幾分鐘前，當妳跨進我的門檻時，我對妳說妳非常漂亮嗎？

牽答：將自己與對方牽在一起

牽答是一種巧妙的應對方式，它將自己與提問者的行為或言辭連繫在一起，從而使對方無法反駁。這樣的回答通常用於對方提出的挑釁或侮辱性問題。

例子：

楚王問晏子：「齊國為什麼派你這麼一個矮小無德的人做使臣呢？」晏子回答：「齊國派使臣有一個規定，不同的人朝見不同的國王：賢德的人朝見賢德的國王，不賢德的人朝見不賢德的國王。我最不賢德，就派來朝見您楚王。」

錯答：將問題引入歧途

錯答是一種非常機智的技巧，它透過故意偏離問題的方向，巧妙地避開了提問者的陷阱。這種方法常用於那些故意刁難或不合理的問題。

例子：

問：你為什麼不及時回答這個問題？

答：其實，我在想其他更重要的問題，讓我們先談談這個更有趣的話題吧。

徵答：引用名言或諺語

徵答是一種常用的答問技巧，它透過引用名人名言、諺語或格言來回答問題，使回應更具權威性和可信度。同時，這樣的回答通常簡潔且富有說服力。

例子：

問：你們公司為何能在競爭中脫穎而出？

答：「近水樓臺先得月。」我們靠近客戶，為客戶提供了更好的服務和解決方案，這是我們成功的關鍵。

拈答：巧妙運用語言，增加表達效果

拈答是基於提問者語言的基礎上稍加改變，用更加鮮明或生動的語言進行回應，這種技巧使回應更加生動且有趣。

例子：

問：這次考試你怎麼樣？

答:「烤焦了!」將「考」字和「烤」字巧妙地連繫在一起,形象生動。

喻答:用比喻解釋複雜問題

當問題涉及較為複雜或抽象的事物時,喻答是一種有效的技巧。透過比喻將問題具象化,不僅能幫助聽者理解,還能使答問更加生動和有趣。

例子:

問:你如何看待公司最近的業績下滑?

答:「這就像是航行中的船隻,偶爾會遇到風浪,但我們有足夠的船員和舵手來引導它度過。」

斷答:搶先回答,打斷對方問題

斷答是一種策略性的技巧,透過在對方還沒有完成問題時便搶先回答,使對方無法繼續提問或使其言論偏離初衷。

例子:

男方:我想問妳……

女方:我知道,你想問我是否喜歡你,對嗎?我已經明白了。

詭答:使用巧妙語言回答棘手問題

詭答是一種應對難題的巧妙手段,透過語言的奇妙轉換來迴避不便回答的問題。

第三章　口才表達的藝術：掌握溝通的關鍵技巧

例子：紀曉嵐被乾隆責問時回答：「皇上萬壽無疆叫做『老』，皇上乃國家元首，頂天立地叫做『頭』，皇上係真龍天子，叫做『子』。」

答問口才的技巧

掌握上述的各種答問技巧，有助於在不同情境中以最佳方式回應他人的提問。無論是直接回答、巧妙回應，還是反轉提問，這些技巧都能有效增強你的表達能力和人際溝通能力。最終，掌握答問的技巧能讓你在日常交流、會議或公開場合中更加自如地應對各種問題，提升自信心，促進有效的溝通與合作。

拒絕口才：如何巧妙拒絕而不傷害關係

拒絕是一門藝術，尤其是在社交中，拒絕他人時要避免讓對方感到難堪或受傷。拒絕的技巧不僅能夠保護你自己，還能維護雙方的關係，讓人感到你既真誠又尊重。以下是幾種常見且有效的拒絕方法，可以幫助你在保持禮貌和尊重的情況下拒絕他人的要求：

委婉含蓄拒絕法

這種方法透過間接表達或巧妙轉移話題，避免直接拒絕，而是以含蓄的方式傳達拒絕的意圖。這對於在原則上無法答應某些要求時尤其有用。

例子：清代的鄭板橋在面對李卿的父親李君來求情時，巧妙地利用「卿本佳人」的典故來委婉拒絕他。鄭板橋的回應不僅保持了禮貌，還讓李君無法繼續強求，最終達到拒絕的目的。

技巧分析：透過玩文字遊戲或引用典故，表達拒絕而不讓對方難堪，是一種高效的委婉拒絕方法。

先退後進拒絕法

這種方法的技巧在於，先表示對對方觀點的理解或支持，接著再提出自己的不同看法或理由。這樣的方式能夠讓對方感受到你的尊重，從而更容易接受你的拒絕。

例子：當一個權威性人物提出建議時，先表達對他意見的理解或認同，隨後再提出你的異議或理由，這樣既不直接反駁，也避免了可能的衝突。

技巧分析：這種方法適用於較為正式或權威性強的場合，能夠有效避免正面衝突，讓拒絕更為圓滑。

強調客觀拒絕法

這種方法強調你無法幫忙的客觀原因，通常會提到時間、資源或其他外部因素的限制，使得對方理解你無法接受要求並非出於個人意願，而是無能為力。

例子：「我真希望能幫忙，但目前的時間和資源確實無法支持這個計劃。」這樣的回答能讓對方理解你確實有困難，而不會認為是主觀拒絕。

技巧分析：這種方法能夠讓對方不會對你有過多怨言，因為你已經說明了客觀困難，使拒絕看起來更加合理和體貼。

誘使對方自我否定拒絕法

這是一種更具巧妙性的拒絕技巧，你透過提出一些反向問題或設置小陷阱，引導對方自己發現他們的要求不合理。這種方法需要機智和快速反應，才能避免對方察覺你的意圖。

例子：如果有人要求你提供一個超出你能力範圍的幫助，你可以問：「這樣的要求是不是會讓你在其他方面也遇到困難呢？」這樣的問題可以讓對方反思自己的要求，並可能自己放棄。

技巧分析：這種方法依賴于心理引導，能夠使對方在無形中意識到自己的要求不合理，從而達到拒絕的效果。

給對方提出合理建議拒絕法

這種方法不僅僅是拒絕，而是向對方提供替代方案或建議，幫助他們找到解決問題的其他途徑。這樣的拒絕不僅讓對方感到被尊重，也能維持良好的關係。

例子：「我現在可能無法幫你處理這個事務，但我建議你可以試著連繫我們部門的同事，他們專門負責這類問題。」這樣的回應既表達了拒絕，又提供了實際可行的建議。

技巧分析：透過提供建議，不僅幫助對方解決問題，也讓拒絕變得更為正向和具有建設性。

拒絕口才的精髓

學會巧妙地拒絕他人要求不僅能保護自己的立場，還能維護人際關係的和諧。在拒絕過程中，委婉、合理、善意的回應能夠讓拒絕更為平和，減少對方的不悅。掌握上述技巧，可以讓你在社交場合中更加自如地處理各種困難和挑戰，達到理想的拒絕效果。

第三章　口才表達的藝術：掌握溝通的關鍵技巧

勸說口才：打破心理防線的藝術

勸說是一種巧妙的溝通技巧，尤其是在日常生活和工作中，勸說他人是解決問題和達成共識的重要手段。然而，勸說的成功不僅依賴於充分的理據，還需要運用情感、心理和語言的技巧來影響對方。為了有效地打破對方的心理防線，勸說者需要具備一定的技巧和策略。

先讓對方知道「我同意你的觀點」

人們對於得到認可和尊重的需求是天生的。當對方覺得自己被理解和認同時，他們的心理防線會變得更加柔軟。因此，在勸說過程中，首先要表達你對對方觀點的認同，讓對方知道你並非對立面。

例如：「我理解你為什麼會這樣想，其實我也有類似的看法。你提到的問題很有道理，只是……」

技巧分析：這樣的開場能夠迅速拉近彼此的距離，使對方放下戒心，更容易聽取你的後續建議。

強調「我」在某些方面與你們相似，並展示共性

人們更容易信任和接受與自己相似的人。強調共同點、共同目標或共同的背景，可以加深彼此的連繫，促進情感共鳴。在勸說過程中，使用「我們」而非「我」可以創造出「自己人」的氛圍，讓對方感受到團結感和共同的目標。

例如：「我們大家都希望這件事能夠順利解決，畢竟我們面對的挑戰和目標是相同的。」

技巧分析：這樣的語言會讓對方感覺自己和你處於同一陣線，減少對立情緒，從而更容易接受你提出的建議。

站在對方的立場，表示對對方的關心

勸說的過程不僅僅是為了說服對方接受自己的觀點，還應該表達對對方需求和情感的關注。透過了解對方的困境或需求，並從對方的角度出發來提出建議，會讓對方感覺到你的真誠與關心。

例如：「我能理解你目前面臨的挑戰，我知道這對你來說很重要。所以，讓我們看看如何能幫助你解決這個問題⋯⋯」

技巧分析：這樣的語言能夠打動對方的情感，使對方感到被理解和支持，從而增加接受你建議的可能性。

強調利益與後果，讓對方看到改變的價值

要想成功說服對方，必須讓他們清楚明白你的建議將如何帶來正向的結果或避免不良後果。將重點放在對方的利益上，而非單純的對事物的看法，能夠有效激發對方的行動意願。

例如：「如果我們採取這個方法，會幫助你節省時間並提高工作效率，而如果繼續這樣做，可能會導致進度延遲。」

技巧分析：透過明確的利益或後果說明，使對方看到你的建議不僅是理性的，還能帶來具體的好處，從而提高說服力。

以情感打動對方

在勸說過程中，純理性的論證有時不夠充分，情感的打動往往能夠加強你的說服力。這是因為情感能夠直達人心，讓對方在情感層面感受到你的誠意和關懷。

例如：「我知道這對你來說不容易，但相信我，這是為了我們共同的目標，也是為了長遠的利益。」

技巧分析： 情感的共鳴能夠打破理性的防線，使對方願意聆聽並接受你的建議。

勸說口才的核心

成功的勸說不僅僅依賴於邏輯與理據，還需運用情感與心理技巧來打動對方的心。透過讓對方感受到尊重、理解和關心，並強調共同點和利益，能夠有效地破除對方的防備心理，促使對方接受你的觀點。掌握勸說的藝術，能夠讓你在人際交往中更加遊刃有餘，達到理想的效果。

稱呼口才：運用適當稱謂的藝術

在社會交往中，稱呼語不僅是日常溝通的工具，更是表達尊重、關係親疏以及禮儀的一個重要部分。不同的稱謂，背後往往隱藏著社會地位、年齡、性別等多重資訊，因此，在與他人交往時，恰當的稱呼方式能夠極大地促進關係的和諧與交流的順暢。

親屬之間的稱謂

對於親屬的稱呼，既有情感的表達，也有禮儀的考量。年長者通常應使用親屬稱謂來尊重對方的年齡和地位，而平輩之間則可使用簡單的關係稱謂，如「哥哥」、「妹妹」，這樣的稱呼既表達了親密，又不失禮儀。

技巧：

- **對長輩**：避免使用其職稱或名字，應以「爺爺」、「奶奶」、「父親」等尊稱，顯得更有禮貌。
- **對平輩**：可用排行序列稱謂（如「二哥」、「三妹」）來強調關係的親近。
- **對晚輩**：可直呼其名，但若對方已有自己的家庭或成人後，仍應使用適當的親屬稱謂。

熟人之間的稱謂

熟人之間，稱謂的使用彈性較大，根據彼此的親密度和關係的不同，可以選擇稱呼職務、年齡或親屬關係等。這不僅能顯示出禮貌，也

能建立起一種舒適的社交氛圍。

技巧：

- **正式場合**：可使用「職位＋姓」的方式，如「王廠長」、「李校長」，顯得正式而尊重。
- **非正式場合**：對關係親近的熟人可使用更隨便的稱呼，如「李叔叔」或「王奶奶」等，表達親切與信任。

陌生人之間的稱謂

對陌生人，稱謂通常根據對方的性別、年齡、職業等來選擇。這不僅顯示了基本的禮儀，也有助於建立初步的信任感。

技巧：

- **性別稱呼**：對男性可稱「先生」，對未婚女性則稱「小姐」，對已婚女性可稱「夫人」或「太太」。
- **年齡與職業**：根據對方的年齡和職業來選擇稱謂，如「老師」、「醫生」、「大哥」等。
- **使用「同學」**：在某些特定場合，根據地域和背景的不同，使用「同學」或「朋友」等也很常見，但要注意在不同的文化和語境中選擇合適的稱謂。

注意口語與書面語的區別

在日常交流中，口語和書面語中的稱謂有時會有所不同。口語中更為親切和隨意，而書面語則較為正式。在與他人交流時，要根據語境選

擇合適的稱謂，避免因為用語不當造成誤解。

技巧：

- **口語中**：對熟人或親近的人可使用「爸爸」、「媽媽」、「老李」等親切稱謂。
- **書面語中**：則應使用較為正式的「父親」、「母親」、「李先生」等，這樣顯得更有禮儀。

注意語言環境的差異

根據語境來選擇稱呼語是十分重要的。對於同事、朋友之間，可以使用較為隨便的稱謂，但在正式場合或對待長輩時，則應選擇更為嚴謹的稱謂。這不僅能反映對他人的尊重，也能顯示出自身的禮儀修養。

技巧：

- **正式場合**：使用「先生」、「女士」、「教授」、「老師」等稱謂，保持專業。
- **非正式場合**：可稱呼小名、暱稱等，這樣顯得更親切。

靈活運用稱呼語，促進良好關係

稱呼語作為語言交際中的一個重要組成部分，對於促進人際關係、建立信任與尊重具有重要作用。學會靈活使用不同場合、不同對象的稱謂，不僅能夠增強溝通效果，也能在不經意間提升自身的社交禮儀。

第三章　口才表達的藝術：掌握溝通的關鍵技巧

自我介紹口才：與人建立良好印象的關鍵

在日常交往中，自我介紹是人際交往中的第一步。它不僅能讓他人了解你的基本資訊，也能給你一個展示自己、建立自信的機會。一次好的自我介紹能為後續的交往鋪平道路，讓你在人際互動中更為順利。

要有自信心

自我介紹的核心是自信。在第一次見面或在陌生場合中，很多人會因為緊張而表現得不自然。要避免這種情況，關鍵在於建立自信，這會讓你的語氣更穩定，表達更流暢。自信的表現不僅能幫助你清楚地介紹自己，也能讓對方對你有更正面的印象。自信不代表炫耀，而是相信自己有能力和價值去進行有效的交流。

技巧：

- 站直，保持自然微笑，與對方保持眼神接觸，這些都能顯示出你對自我的信任。
- 介紹自己時，語氣穩定，避免語速過快，這樣能讓自己顯得更有掌控感。

真誠自然

真誠是自我介紹的基礎。過度誇張或使用極端的語言會讓對方覺得你不真誠，甚至感到不舒服。在自我介紹時，應該根據事實來展現自

己,而不是把自己捧得過高或過低。真誠自然的表達能讓對方對你產生信任,進而打開彼此的交流。

技巧:

- 介紹自己的時候,使用簡單而真實的語言,不需要過多修飾。
- 適當提及自己的經歷或背景,但要保持謙遜的態度,避免過度誇耀。

要考慮對象

自我介紹的目的在於讓對方了解你,因此你應該根據聽眾的需求和背景來調整自己的介紹方式。例如:如果你參加的是學術研討會,你可以介紹自己是某大學的教師,並簡要說明你所研究的領域。這樣的介紹會讓聽眾清楚你的背景,並更願意聽取你的觀點。如果對方是一位年長的主管,你的介紹應該更正式,語氣也應該更尊重。

技巧:

- 當與年輕人或朋友交談時,可以稍微輕鬆一些,用一些幽默和輕鬆的語氣來介紹自己。
- 當面對正式場合或年長人士時,要保持簡潔和禮貌,語氣要更加端正。

當場補充資訊

有時在自我介紹後,對方會顯得感興趣或提出進一步了解你的問題。這時你可以根據對方的需求來補充更多資訊,這不僅能讓對方更了解你,也能促進進一步的交流。比如:在社交場合中,你可以簡單介紹

第三章　口才表達的藝術：掌握溝通的關鍵技巧

自己後，再根據對方的興趣，介紹一些你在專業領域中的成就或經歷，這樣既顯得謙虛，也能給對方留下深刻的印象。

技巧：

- 如果有特定領域的成就或經歷，可以在自我介紹後主動分享，但要注意不顯得過於炫耀。
- 在補充資訊時，可以根據對方的反應調整介紹內容，增加一些互動，讓對方感受到你的誠意和專業。

展現真我，打開交流之門

自我介紹是一項關鍵的社交技巧，適當的自我介紹不僅能幫助你留下良好的第一印象，也能促進後續的溝通和交流。只要你具備自信、真誠，並能根據對象和情境調整自己的介紹方式，你的自我介紹將會更加成功。在每一次的自我介紹中，都能成為自己更好的一面展示，為後續的人際交往奠定穩固的基礎。

介紹他人口才：如何讓介紹更得體

在日常交往中，介紹他人是一項重要的社交技巧。無論是在正式場合還是非正式的聚會中，如何得體地介紹他人，不僅能展示自己的社交能力，還能促進雙方的溝通與互動。下面是一些關於如何介紹他人的技巧，幫助你在人際交往中更加順利。

介紹時的基本禮儀

在介紹他人時，首先應該為雙方做一個簡單的過渡，以避免讓對方感到突兀或不知所措。常見的過渡語有：

- 「請允許我介紹你們認識一下。」
- 「我介紹你們相互認識一下，好嗎？」這樣的過渡語能讓雙方心理上有所準備，避免介紹過程中的尷尬。

介紹順序的基本規範

根據社會禮儀，介紹他人時要注意順序，以下是一些常見的規範：

- **性別**：當介紹兩個性別不同的人時，應先介紹男士，再介紹女士。這是傳統的禮儀方式。
- **年齡**：當男士年紀比女士大時，則應先介紹女士給男士，這樣顯得更加尊重。

- **職位**：在職場中，通常是先介紹下級給上級，晚輩給長輩，這樣能顯示出對年長者和上級的尊重。
- **夫妻介紹**：介紹一對夫婦時，一般先介紹丈夫，後介紹妻子。這是常見的習慣，尤其是在正式場合。

群體介紹的注意事項

當需要將一位新人介紹給一群人時，介紹方法應根據情況靈活變通。通常應該先介紹這位新人給全體人員，簡單說明對方的姓名、職業或身分。然後根據當時的站位或坐位順序，逐一介紹各位。比如：

「各位，這是來自電視臺的記者劉方。小劉，這是我們公司的董事長××，這是總經理×××，這是我們的行銷部主管……」

介紹新來的領導或專家

如果要介紹新來的領導、來講課的老師或報告的專家，則可以向全體人員進行簡短的介紹，不需要再一一作詳細介紹。被介紹者站立並向大家表示感謝，聽眾可以以鼓掌來表示尊敬和歡迎。

介紹時的注意細節

熱情誠懇：介紹他人時應該充滿熱情，面帶微笑，語氣誠懇，這樣可以營造出融洽的氛圍，給被介紹的雙方留下良好的印象。

口齒清晰：介紹時，口齒要清楚，語速適中，必要時可以簡單解釋，幫助聽者更容易記住對方的姓名和身分。

靈活應變：介紹他人時，應根據場合和對象靈活調整方法。例如：對於長輩或上級，應使用尊稱，如「請允許我向您介紹……」；而在朋友間或輕鬆的場合，可以使用一些幽默或隨和的方式介紹，如「這是我們單位有名的大胖子，外號『肥仔』」，這樣的介紹能讓氣氛更活躍，減少拘謹。

介紹他人是一門藝術

在日常社交中，如何得體地介紹他人，不僅能展示自己的人際交往能力，還能促進彼此之間的交流。了解並運用合適的介紹順序、語氣和方法，可以讓你的介紹更加得體、自然，幫助建立更和諧的社交關係。

第三章　口才表達的藝術：掌握溝通的關鍵技巧

寒暄口才：如何開啟良好的交流

　　寒暄，雖然看似無關痛癢的應酬話語，卻是人際交往中不可或缺的一部分。良好的寒暄能打破沉默，創造一個和諧、融洽的氛圍，幫助建立人與人之間的信任與友好。那麼，如何選擇合適的寒暄話題並以恰當的方式進行呢？下面幾個技巧可以幫助你。

以身邊的人和事作為寒暄話題

　　身邊的環境或當下的情況，通常是最容易引起共鳴的寒暄話題。這些話題簡單自然，不需要太多準備。例如：

　　天氣：一句「今天天氣真好」就能輕鬆地開啟一段對話。

　　活動：在宴會或聚會上，可以提到「今天的晚餐真豐盛」，或是對場所的設計、裝飾表示欣賞。

　　交通：如在大眾運輸工具上，說「今天車子真的很擠」也能拉近彼此的距離。

　　這類寒暄不僅能展現你的隨和性格，還能讓對方感受到你的親切與真誠，促使對方放下戒備心，開啟更多交流。

以對方感興趣的事作為寒暄話題

　　了解對方的興趣或愛好，並以此為話題展開對話，往往能更輕鬆地拉近關係。如果對方對某個領域有興趣，你可以提前準備一些相關知識，談到他們感興趣的話題，比如：

寒暄口才：如何開啟良好的交流

音樂：如果對方喜歡音樂，你可以聊聊貝多芬、莫札特的作品，或者流行音樂、歌手等話題。這樣不僅能讓對方覺得你有共同話題，還能增進彼此的互動。

運動或書籍：若對方對某些運動或書籍有濃厚興趣，你可以提到一些熱門的賽事或書籍，看看是否能激起對方的討論興致。

如果你並不熟悉對方的興趣，也可以藉此機會請教他們，這樣的請教既顯得謙遜有禮，又能幫助你學習更多有趣的知識。

以時事、新聞作為寒暄話題

時事或新聞是大多數人都會關注的話題，這些內容能夠引發普遍的共鳴。但在選擇時事新聞作為寒暄話題時，要注意以下幾點：

了解對方興趣：某些人對政治或國際事務感興趣，而另一些人則可能對這些話題不感興趣。在選擇時事話題時，要根據對方的背景和興趣來調整話題內容。

避免過於專業或敏感的話題：如果對方對某些敏感話題不太了解或不願意討論，最好避免過於深入的討論，尤其是當對方情緒不穩定或對某些問題持有強烈的看法時。

總之，時事新聞可以是一個很好的寒暄話題，但要選擇對方容易接受且感興趣的部分進行討論，這樣才能讓對話保持順暢。

寒暄形式的多樣性

寒暄的方式也可以根據對象和情境來靈活變化，以下是一些常見的寒暄形式：

第三章　口才表達的藝術：掌握溝通的關鍵技巧

描述式：針對眼前的景象或情境發表簡單的描述，如「這裡的風景真美」或「這家餐廳的裝修很別緻」。

問候式：進行基本的問候，如「你好嗎？」、「今天過得怎麼樣？」這能讓對方感受到你的關心。

評論式：對某人或某事進行簡單的評論，例如「這次的活動安排得真好」，這種形式通常能帶來更輕鬆的氛圍。

誇讚式：對對方的優點或成就進行誇讚，如「你的衣服真漂亮」，這不僅能使對方感到高興，也能加深彼此的友好感情。

根據不同的情境選擇合適的寒暄形式，能使交談更加流暢，讓對方感受到你的細心和關注。

寒暄的藝術

寒暄是一種重要的社交技巧，透過巧妙的話題選擇和靈活的寒暄形式，能幫助我們在交往中打破隔閡，促進相互理解和信任。掌握寒暄技巧，不僅能提高人際交往的品質，也能讓每一段交流更加順暢和愉快。

聊天口才：如何進行有意識且有效的交流

聊天，是人際交往中最常見的形式之一，既可以用來放鬆心情，也能在不經意間獲得知識、激發創意。然而，聊天的藝術不僅限於隨意的談天說地，它還具有豐富的技巧和深度。如何進行一場有趣且充實的聊天，並確保對話雙方都能從中受益呢？以下是一些有效的聊天口才技巧。

知識與趣味並重

聊天不僅僅是空談，還應該具備一定的知識性與趣味性，讓對方感到愉悅並激發思考。這要求聊天者具有一定的見識，能夠在閒聊中穿插一些有趣的事實或故事，從而引起對方的興趣。就像比利時生理學家科內爾·海門斯，他從與父親的散步聊天中獲得啟發，最終成為諾貝爾獎的得主。這樣的聊天不僅能夠放鬆心情，還能激發靈感，促進學習。

討論式聊天的積極性

討論式的聊天是一種目的明確、聚焦於某一問題的交流方式。這種方式比單純的閒聊更具深度，能夠達到實質性的思想交流。它的優點在於：

獲得有益的建議：經過充分討論後，對方可能會提出實用的建議。

集思廣益：幾個人集中知識可以激發出新的設想或解決方案。

糾正錯誤觀點：有時討論能有效地撥正一些錯誤的看法或觀念。

提升精神狀態：積極的討論有助於激發活力與創新思維。

突破思維限制：討論有助於突破個人的固有思維，拓寬視野。

交換思想，增長見識

如同蕭伯納所說，思想的交流比物品的交換更具價值。當我們分享思想時，不僅是讓對方了解我們的觀點，同時也能接納和吸收對方的觀點。這樣的思想碰撞會讓每個人獲得更豐富的知識，並促進雙方共同成長。聊天不僅僅是輕鬆的交流，更是增長智慧的途徑。

確保聊天有價值

雖然聊天常帶有娛樂性和放鬆的目的，但為了讓對話更具價值，我們需要選擇適合的話題，並且避免無意義的閒聊。聊天中的資訊應當經過優選，且具備一定的事實性，這樣才能確保對話具有實質內容，對彼此有幫助。避免陷入過於淺薄的話題，將話題引導至能夠發人深省或啟發創意的方向。

隨機應變，靈活表達

聊天中經常會遇到一些不確定的情況，如話題偏離、對方興趣的突然轉變等。這時候，靈活應對非常重要。根據當前情況隨機應變，既能維持對話的流暢性，也能保持雙方的興趣。例如：當對方對某一話題表現出濃厚興趣時，可以深入探討；如果對方顯得不太關心，則可以巧妙地轉移話題，保證對話不至於陷入僵局。

聊天口才:如何進行有意識且有效的交流

提升聊天口才的關鍵

良好的聊天口才不僅能增進人際關係,還能豐富自己的人生閱歷。透過知識與趣味的結合、討論的積極性、思想的交換以及靈活的應對,我們能夠使每一場聊天都變得有價值、富有意義。因此,善於聊天不僅是技巧,更是一種藝術,讓我們在日常生活中更好地與他人交流、分享,並從中獲得智慧與成長。

致謝口才：如何表達真誠感謝

在生活中，致謝是非常重要的社交技巧。無論是小小的幫助還是重大的支持，都應當適時地表達感謝。致謝不僅是對他人幫助的回應，也是對他人好意和行為的尊重。正確的致謝能夠促進人際關係，展現我們的禮貌和情商。

即時致謝，表達感激之情

在生活中的小事，例如有人在公交車上讓座，或有人幫忙拿物品時，及時的「謝謝」是必不可少的。這些看似微不足道的小事，其實會讓對方感到被尊重和重視。當「謝謝」兩字不足以表達感激時，可以加上一兩句具體的感謝原因，例如：「謝謝你幫我拿東西，真是幫了大忙。」這樣能使感謝更有溫度，讓對方感受到你的誠意。

讚美回應：對誇獎的感謝

當別人讚揚你時，恰當的回應是說「謝謝您的誇獎」。這樣的回應既能表達對對方好意的感謝，又不會顯得過於謙虛或做作。無論是在工作中還是日常生活中，接受他人的讚美與支持並表達感謝，會增強彼此的信任與尊重。

特殊場合中的致謝

在喜慶宴會、授獎典禮、歡迎會等正式場合,致謝的表達更為重要。這時,通常由當事人致答辭,感謝主辦方的支持與協助,並對參與者的幫助表示感激。在這些場合,致謝語應包含對對方的具體支持與幫助的感謝,並熱情地讚揚對方的精神和努力。例如:「非常感謝各位的支持和幫助,是你們的鼓勵讓我走得更遠。」

注意文化差異

在與外國人交往時,了解文化差異也很重要。例如:西方文化中,當人們拒絕幫助或禮物時,他們會直接說「No, thank you」,這並非客氣,而是表示真實的拒絕。在這些情況下,我們應尊重對方的文化習慣,不必過度解讀或誤會對方的意思。

真摯表達感謝

最重要的一點是,在說「謝謝」時,情感要真摯,表達要清晰簡潔。避免繁瑣冗長的詞語或口頭禪,以免讓感謝失去真誠感。用簡單而真誠的話語來表達感謝,能讓對方感受到你的誠意與敬意。

致謝的藝術

致謝是社交中的基本禮儀,正確的表達不僅能讓人際關係更和諧,還能提升自己的人格魅力。從日常的小事到正式場合的答謝,學會真誠而有禮的致謝,不僅是對他人幫助的回應,更是對自己素養的提升。記住,每次的謝謝背後,都應有一顆感恩的心。

第三章　口才表達的藝術：掌握溝通的關鍵技巧

道歉口才：如何有效表達歉意

在人際交往中，難免會犯錯或讓人失望，而道歉是修復關係的重要方式。當我們錯誤地傷害了他人或造成不便，真誠的道歉不僅能平息誤解，還能促進關係的修復和加深。然而，正確的道歉口才技巧十分重要，能幫助我們更好地傳達誠意。

立即道歉，避免拖延

當你發現自己犯錯或傷害到他人時，最好的方式是立刻道歉。拖延只會讓問題變得更複雜，甚至難以挽回。及時的道歉可以顯示你的責任感和誠意，讓對方感受到你的尊重與悔過。

使用間接方式表達悔意

有時候，面對面的道歉可能會讓對方感到不舒服或處於尷尬的境地。在這種情況下，可以考慮用其他方式表達歉意，比如送一件小禮物，或透過信件、電話等方式進行道歉。這樣可以讓對方感受到你誠摯的悔意，並且不會讓當場的情況變得更加困難。

以真誠的語氣道歉

道歉時，語氣必須誠懇自然。如果你的語氣聽起來敷衍或帶有不耐煩，對方很難接受。比如：如果你道歉時說「對不起，噢！」這樣的語氣反而會激怒對方。相反，應該低緩地說：「真的很抱歉，讓你失望了。」在「對不起」前加上「真的」、「非常」等詞語可以加強你的誠意。

道歉口才：如何有效表達歉意

承擔責任，避免推卸

當道歉時，要勇於承擔責任。切忌將過錯推給外部因素或對方，即使你只有部分責任，也應該承擔。這樣做不僅能表達出你的誠意，還能讓對方感受到你的成熟和負責任的態度。主動承擔錯誤往往能夠促使對方也更願意承擔自己的責任，進一步改善雙方的關係。

懂得適時道歉

道歉不僅僅是說「對不起」，還要選擇正確的時機。尤其是在多人面前道歉時，要注意場合和氛圍。在公開場合道歉時，可以先表達感謝或其他善意，再提出歉意。這樣既能表達誠意，也能避免讓自己或他人陷入尷尬的情況。

道歉的藝術

道歉是一門藝術，如何以誠意表達歉意，如何在最適當的時候做出最得體的道歉，這些都決定了人際關係的進展與發展。透過真誠的道歉，我們能夠修復誤解，增進理解，從而促進和諧的人際關係。記住，最好的道歉是發自內心，並伴隨著真摯的行動。

問路口才：如何有效詢問方向

人們常說：「嘴就是路，路就在嘴上。」那麼，怎樣才能讓嘴變成路呢？這裡有個問路的口才藝術和技巧問題。

問路時，必須掌握由大到小、由遠至近的原則，並根據被問者的年齡、性別、職業和場合等具體情況，使用恰當的方式提出問題。一般有如下四種方法：

直接式。就是開門見山，直接了當地提出問題，請求對方給予解答。如：「請問去臺北 101 大樓從哪條路走？」「大眾路向前走 50 公尺。」「謝謝。」

反試式。明知不是目的地甲，但問時偏偏說成是甲，待對方否定回答之後，緊接著追問甲的具體位置。如：「先生，這裡是臺北世貿展覽館嗎？」「不是。」「請問臺北世貿展覽館的具體位置在哪？」「臺北市信義區 311 號。」

疑問式。用試探或疑問的方法提出問題，從對方的回答或否定回答來判定自己行動的準確性。比如：「請問，這路車會到圓環嗎？」對方回答「是」，說明你的行動是正確的，對方回答「不是」，證明你的行動有誤，需及時調整。

啟發式。當對方回答問題含混不清或模棱兩可時，應及時加以提示引導，向被問者提供要尋找的對象的基本情況。如工作單位、家庭狀況、面貌特徵、身高、愛好以及與之有關係的人和事等等，啟發引導對方的思維，透過對證、比較和分析判斷，得出正確的結論。如果對方還是不能得出正確結論，你也應該說聲「謝謝」，再去請教其他的人。

上述問路的四種方式既可單獨使用，又可混合使用，應視情況靈活掌握。

靈活運用問路技巧

問路不僅是尋找方向的過程，還是展現你表達清晰、禮貌和有效溝通的機會。根據不同情況選擇最適合的問路方式，無論是直接式、反試式、疑問式還是啟發式，都能幫助你高效地獲取所需資訊。在問路的過程中，記得保持耐心和禮貌，這樣能讓對方更願意幫助你，達到良好的交際效果。

借東西口才：
如何以恰當方式提出借物請求

在日常生活中，總會有缺乏某些物品或金錢的情況，這時我們不得不向親朋好友或同事借東西。借東西看似簡單，但為什麼有些人能讓對方樂意借出物品，而有些人卻碰了釘子呢？這往往與借者的語言表達方式有關。掌握借東西時的口才技巧，能讓整個過程更加順利。以下是一些在借物時需要注意的要點：

說話要用商量的語氣

尊重他人，營造互惠氛圍

向別人借東西時，語氣一定要親切且商量性強。避免強硬或不尊重對方的說話方式。例如：當你向某人借錢時，應表達你的處境並詢問對方是否方便借出，像是：「我的孩子生病住院，出院結帳還缺少 50,000 元的住院費，不知您是否方便借給我？下個月發薪後我會立即還您。」這種語氣讓對方感到你的尊重與理解，也更願意幫忙。避免以調侃語氣提出要求，這樣可能會讓對方感覺不被尊重，導致借不到物品。

要說明歸還時間

清楚承諾，建立信任

借東西時，清楚說明歸還時間對建立信任至關重要。比如：如果你向同事借錢買東西，可以說：「小王，能借給我 5,000 元嗎？等回去我會

第三章　口才表達的藝術：掌握溝通的關鍵技巧

讓我女兒把錢還給你。」這樣不僅說明了具體的還款時間，還能讓對方放心借出，因為他知道會如期收到款項。提前設置好歸還時間，能讓借款過程更加順利且不會產生不必要的誤會。

說話要誠實

真誠為本，避免誤導

借東西時，保持誠實十分重要。若你明知道無法按時還款，卻隨便承諾過幾天還款，這樣的行為會讓人對你產生不信任，甚至導致下次再也不敢借給你東西。因此，無論是借錢還是借物品，都應該實事求是，避免改變借款數量或延遲承諾，這樣才能確保借貸關係的長期和諧。

借不到時，不要說氣話

理解與尊重，保持良好關係

當借不到東西時，保持冷靜並尊重對方是非常重要的。假如你向朋友借自行車，但朋友拒絕時，不要發火或說出讓對方難堪的話。你可以說：「我理解你有自己的安排，我再找其他方式。」這樣的語氣不僅顯得你很有禮貌，也能維持友好關係，避免不必要的尷尬。

運用求借語要因人而異

根據對方的關係選擇合適方式

與不同的人借東西時，語言的表達方式應有所區別。對於關係密切的朋友，你可以直截了當地表達需求；而對於一般朋友或不太熟悉的人，你不妨採用「曲線求借」的方式。例如：當你向朋友借錢時，可以先說：

「這幾天花錢有點緊，月底可能會比較困難。」若朋友理解你的意思，主動提出借款，那麼這時再進一步說明具體數字；若對方也表示困難，你就應該理解他。這種方式能夠避免讓對方感到為難，並確保你的請求得到適當的回應。

借物時的語言技巧

借東西的過程，語言技巧的運用是至關重要的。尊重對方的需求、承諾清晰的歸還時間、保持誠實的態度，這些都是讓借物過程順利進行的關鍵。學會根據對方的性格和關係選擇合適的借物語氣，這不僅能促進交流，還能維護雙方的良好關係。記住，借東西是雙方互助的過程，尊重與誠信是成功借貸的基石。

借物技巧	具體應用	關鍵效果
商量語氣	用親切、尊重的語氣向對方借東西	讓對方感到被尊重，增加借貸的可能性
明確歸還時間	說明歸還時間並承諾按時還物	增強信任，讓對方放心借出
誠實表達	誠實地說明借物需求和歸還計畫	避免誤導，建立良好的借貸關係
理解與尊重	借不到時表達理解並保持友好語氣	保持和諧關係，避免誤解
根據對象調整語氣	對不同關係的人選擇合適的借物語氣	確保借物過程順利且避免尷尬

運用這些技巧，我們可以在日常生活中更好地進行借物交往，維持良好的關係並建立信任。

第三章　口才表達的藝術：掌握溝通的關鍵技巧

做解釋口才：如何有效解釋並促進理解

在社交場合中，解釋是一種必不可少的溝通方式。無論是上班遲到需要向領導解釋原因，還是當別人誤解你的觀點或行為時，需要做出澄清，解釋都是解決問題、增進理解的關鍵。而要使解釋達到預期效果，則需要遵循一定的語言技巧與原則。以下是幾個重要的解釋口才技巧，幫助你進行有效且具有說服力的解釋。

實事求是，有理有據

誠實陳述，清晰表達

要使解釋獲得預期效果，首先必須遵循實事求是的原則。解釋的目的在於解疑釋難，澄清事實，讓對方信服。為了達到這一目標，解釋必須基於事實，真實陳述事情的原委，並提供充分的理由支持。如果真實情況難以直說，也可以採用委婉的方式解釋，並請求對方的理解。然而，避免編造理由或強辯，這樣不僅無法令對方信服，反而可能加劇誤解。實事求是的解釋能夠讓對方感受到你的誠意，從而更容易接受你的觀點。

表達清晰，條理分明

組織語言，避免混淆

解釋時，清晰和條理分明是至關重要的。語句應該簡潔明了，避免使用模糊不清的語言或過於複雜的句式。當面對錯綜複雜的情況時，可

以按照事情的起因、發展和結果來進行解釋,這樣能夠幫助聽者更好地理解。例如:在解釋遲到的原因時,先簡要交代背景,再說明具體原因,最後提出解決方法。避免使用不確定的語言,如「也許」、「大概」,這些可能讓解釋顯得不夠有力。條理分明的解釋能夠避免新的誤解,並使對方更容易接受你的立場。

語態謙恭,語氣和緩

情感共鳴,提升說服力

在解釋過程中,語態謙恭與語氣和緩非常重要。良好的情感交流能促進理解,讓對方更願意接受解釋。解釋時要注意語言的感情功能,語氣應該和緩、商量,而非質問或指責。站在對方的立場上理解他們的觀點,使對方感受到你對他們的尊重與理解。這樣不僅能讓對方更容易接受解釋,還能增進彼此的信任和情感連繫。尤其在處理敏感話題時,和緩的語氣可以有效避免衝突,促進和諧交流。

成功解釋的關鍵要素

在任何需要解釋的情況下,確保語言清晰、誠實且有理有據,是達成有效解釋的基礎。而謙恭的語態和和緩的語氣則能讓解釋更加容易被接受,促進情感上的共鳴,增強說服力。最後,無論面對何種情況,保持真誠與尊重,這樣的解釋能夠有效化解誤會,建立和諧的溝通環境。

解釋技巧	具體應用	關鍵效果
實事求是	依據事實、證據進行解釋	增強解釋的說服力和可信度
表達清晰	條理分明,避免使用模糊語言	提高理解度,避免誤解

第三章　口才表達的藝術：掌握溝通的關鍵技巧

解釋技巧	具體應用	關鍵效果
語態謙恭	用和緩、商量的語氣表達	促進情感共鳴，建立信任
語氣和緩	尊重對方，避免指責或質問	減少對立情緒，促進合作
站在對方立場	理解對方需求與感受	增進情感交流，達成共識

　　掌握這些技巧，能夠讓你的解釋更加具有效果，達成溝通的目的，並建立更和諧的人際關係。

幽默口才：如何巧妙運用幽默增進交流

　　幽默是人際交往中不可或缺的元素。適當的幽默不僅能活躍氣氛，還能化解緊張情緒，緩解衝突，甚至打破沉默，拉近人與人之間的距離。然而，幽默的運用需要技巧，如何恰到好處地使用幽默語言，是提升交際能力的關鍵。下面介紹一些常見的幽默方法，幫助你在日常交流中運用幽默，讓對話更有趣且富有魅力。

正話反說：反差幽默，創造意外效果

貶義褒用與褒義貶用

　　正話反說是一種常見的幽默方式，即將話語反過來說，營造反差，達到幽默效果。例如：在1940年代的相聲演員中，有人用反話來形容牙粉價格：「才兩塊錢一袋。」捧哏的問：「這麼便宜，是什麼袋裝的？」演員回答：「牙粉袋！」這樣的語言巧妙地將貶義用作褒義，令觀眾捧腹大笑。此外，將怕老婆的男人稱為「模範丈夫」也屬於另一種幽默反差。

妙用笑話：用笑語緩解氣氛

透過笑話化解爭執

　　講笑話是使用幽默的一個經典方式，能有效打破僵局，讓氣氛變得輕鬆。例如：在一次家庭聚會中，兩人因小事爭吵，主人便講了一個笑話來化解尷尬：「古時候，某君去朋友家赴宴，朋友招待不周，僅給他喝了幾滴米酒。臨走時，他懇求主人在兩邊腮幫子上各搧一記耳光。主人

不解其意,他說:『讓我老婆看見兩頰通紅,以為我吃飽喝足了⋯⋯』」聽完笑話後,剛才爭吵的兩人也不禁笑了出來,緊張的氛圍立即得到緩解。

適度誇張:運用誇張語言增添幽默感

誇大情境,創造戲劇效果

誇張是另一種常用的幽默手法。透過過度的誇張,將日常生活中的小事演繹得更為搞笑。例如:一個房客對店主抱怨說:「昨晚我睡不著,太冷了,窗上有洞,房間裡只有一點光,我就睡不著。」店主問:「那你為什麼不把蠟燭吹滅呢?」房客回答:「吹不滅的,因為那球型的火焰結了冰了。」這樣的誇張語言不僅讓人忍俊不禁,還巧妙批評了店鋪太冷。

詞語別解:語言的雙關,創意無限

用詞語的另一種解釋帶來幽默效果

詞語別解是將常見詞語進行特殊解釋,製造幽默。例如:美國作家比爾斯在《魔鬼詞典》裡,對「政治」給出了一個幽默的定義:「政治是為私人謀取利益而從事的公務活動。」這樣的語言看似荒唐,但細品之後卻蘊含深意,讓人發笑的同時也引人深思。

自我解嘲:幽默的自我調侃

用自嘲化解尷尬,增進友誼

有時,自我解嘲也是幽默的有效手段,能讓對方感受到你的風趣。例如:在被請唱歌時,你可以笑著說:「我五音不全,唱起來怕把你們嚇

跑了。」這樣的幽默不僅緩解了氣氛，還顯示出你的謙遜。自嘲能讓對方感到親近，也能增加交流的愉悅感。

巧用諧音：同音字的幽默演繹

語言中的雙關語，增添笑點

利用同音字的諧音關係，也能創造幽默效果。例如：清朝李鴻章的遠房親戚在考場上，由於不認識字，竟在試卷上寫道：「我乃李鴻章中堂大人的親妻。」這裡「戚」和「妻」是同音字，主考官看到後不禁微笑，並在試卷上批道：「所以本官不敢娶（取）妳。」這種幽默巧妙地利用了語言的雙關性，既引人發笑，又表達了批評。

幽默的力量，交流的藝術

幽默是一種強大的溝通工具，能打破僵局、化解矛盾，並拉近人際距離。掌握幽默語言的技巧，可以讓我們在交際中更加自如和愉快。然而，幽默也需要技巧，應根據不同的場合、人物、情境來靈活運用，這樣才能達到最佳效果。

幽默技巧	具體應用	關鍵效果
正話反說	利用反差創造幽默效果	增加語言的趣味性與吸引力
妙用笑話	用笑話化解尷尬或爭執	緩解緊張氣氛，促進和諧交流
適度誇張	誇大某些情境或問題	增強表達的戲劇性與搞笑感
詞語別解	創造詞語的雙重含義	讓人發笑的同時引發思考
自我解嘲	以幽默自嘲解決尷尬	增進親切感和舒適氛圍
巧用諧音	利用同音字創造幽默效果	使語言既有趣又具有批判性

幽默的語言不僅能使日常交流更加輕鬆愉快，還能增進理解與友誼。學會運用幽默，能讓你的交際更加生動且富有感染力。

第三章　口才表達的藝術：掌握溝通的關鍵技巧

推銷自己的口才：
如何有效推銷自己，獲得他人青睞

在現代社會中，推銷自己不僅限於商品的銷售，事實上，個人在各種場合也需要推銷自己。無論是面對求職面試，參加演講競爭，還是在日常交往中，推銷自己都是一項至關重要的技能。如何能讓自己在眾多人中脫穎而出，吸引他人的注意並獲得青睞呢？以下是一些有效的自我推銷技巧，幫助你在各種場合中成功表現自己。

引起對方注意：吸引焦點，讓自己突出

引起注意的第一步

要讓對方認識並注意自己，首先要設法引起他們的關注，這樣才能開始後續的推銷。近年來，許多新興創業者選擇以特立獨行的方式引起市場的注意。例如：一位在臺灣的年輕企業家，為了在競爭激烈的市場中突出自己，他特意在社交媒體上發布一段誇張而幽默的視頻，展示了他如何將傳統行業中的「老舊」設備，經過巧妙的創新重新利用，從而引起公眾和媒體的關注。這種出奇制勝的行為不僅吸引了消費者的眼光，也使他成功推銷了自己的品牌。透過這種方式來吸引對方的注意，是推銷自己一個非常有力的策略。

促使對方認同：建立共鳴，縮短心理距離

與對方心靈相通

人們喜歡和與自己觀點相符的人交往，因此，推銷自己時，要設法縮短心理距離，讓對方認同自己。以近年某位知名青年創業者的經歷為例，他在競選創業比賽時，以其真誠的態度和務實的背景故事打動了評委。他分享了自己在年輕時創業的艱辛，如何從一個簡單的創意開始，並努力克服無數挑戰，最終在競爭激烈的市場中站穩腳跟。這種「共鳴式」推銷，不僅讓評委感同身受，還促使他成功地吸引了投資者的注意。這樣的自我推銷方式，能有效地讓對方認同，從而縮短心理距離。

毛遂自薦：自信推銷，勇於表現自己

展示自信，勇於表達

有時候，推銷自己需要有足夠的自信，勇於自我推薦。近年來，有許多企業家在自己的行業中脫穎而出，正是憑藉著強烈的自信心。例如：一位臺灣科技創業者，在初創時期，雖然面臨來自大企業的激烈競爭，他仍毅然決定直接向知名投資機構發出合作邀請，並在簡短的會議中毫不猶豫地展示自己的創業計畫和未來展望。正是這種直截了當的自信推銷，令投資機構對他產生了濃厚的興趣，最終成功獲得了資金支持。這種毛遂自薦的方式不僅顯示了他對自己計劃的信心，也展示了他勇於挑戰現有格局的勇氣。

第三章　口才表達的藝術：掌握溝通的關鍵技巧

採用幽默語言：輕鬆交流，樹立正面形象

幽默的力量，化解競爭

推銷自己時，幽默往往是最具破冰效果的工具。在競爭激烈的環境中，幽默語言不僅能讓自己與眾不同，還能在競爭中獲得更多支持。2019 年，某知名企業的創辦人在一次媒體訪談中，用幽默的方式回答了關於企業文化的問題。他說：「我們的企業文化就像泡麵，快，簡單又能解決問題。」這番幽默語言立刻獲得了媒體和觀眾的喜愛，並且讓他的品牌形象變得更加親切且具吸引力。幽默語言不僅能化解競爭中的壓力，還能增強自己與他人之間的連繫。

自信、真誠與幽默是推銷自己的關鍵

推銷自己並非單純的炫耀，而是透過合適的方式讓他人認識並認同自己。成功的自我推銷需要引起注意、促使對方認同、展現自信以及適時使用幽默。這樣，不僅能使自己在競爭中脫穎而出，還能在他人心中建立起正面且持久的印象。在現代社會，學會如何推銷自己，不僅能夠提升個人的社會地位，還能帶來更多的機會和成功。

推銷技巧	具體應用	關鍵效果
引起注意	用創新方式吸引對方的關注	成為焦點，打破常規
促使認同	展現真誠與共鳴，使對方認同	建立信任，達到情感共鳴
毛遂自薦	直截了當自我推薦	展現自信與能力，抓住機會
幽默語言	適時幽默化解競爭與尷尬	樹立正面形象，獲得支持

在日常生活中，透過這些技巧的運用，可以讓我們在各種場合中更自如地推銷自己，無論是求職還是人際交往，都能為自己爭取更多的機會與成功。

表達坦誠的口才：如何用真誠贏得他人信任

在各種社交活動中，坦誠是一種被普遍認為非常重要的特質，它不僅能夠增進人際關係，也能贏得他人的尊重。人際交往中的坦誠往往能促進信任，達到更高效的合作。然而，如何在保持真誠的基礎上，運用合適的方式來表達自己呢？以下是幾個關鍵技巧，幫助你更好地掌握表達坦誠的藝術。

掌握對方的心理特徵，採取合適的表達方式

了解對方的背景

要表達坦誠，首先要了解對方的心理特徵、愛好以及職業等，這樣才能根據對方的特性選擇最合適的表達方式。例如：對於一位注重細節的專業人士，你可能需要更加精確和有條理地表達；而對於一位熱衷於創新的人，你則可以稍微放開一點，使用一些創意和更具開放性的方式來表達你的想法。這樣的溝通不僅能讓對方感到你是真誠的，還能讓他們更容易接受你的觀點。

觀察與學習

在日常生活中，我們可以透過觀察身邊人的反應，來學習如何調整自己的表達方式。比如：當你注意到某人在某種情境下的反應時，你可以模仿其溝通方式，來進一步提高自己在不同情境下表達的坦誠度。

第三章　口才表達的藝術：掌握溝通的關鍵技巧

根據情境調整表達方式：選擇最適合的表達技巧

委婉法

有時候，我們不希望直接表達某些資訊，這時候可以使用委婉的方式。舉例來說，當需要提及對方的某些不太受歡迎的行為時，應用隱喻或暗喻可以幫助將話題輕輕帶過，使對方不至於感到尷尬或受傷。這種方法能夠在保持坦誠的同時，照顧對方的感受。

徵詢法

當你需要表達一個敏感觀點時，不妨先提出部分觀點，觀察對方的反應，然後根據其回應進一步調整你的表達方式。這樣不僅能減少誤解，還能使你在表達自己的立場時更加靈活。例如：在會議中提出一個建議後，可以詢問對方的意見，從而進一步調整或加強自己的觀點。

隱瞞法

在某些情況下，為了避免不必要的衝突或造成對方的困擾，可以選擇隱瞞某些細節或真相。例如：當對方的健康狀況不太好，而又不希望讓對方過度擔心時，可以選擇隱瞞一些不太重要的細節，將重點放在如何改善情況上。這種方法適用於較為敏感的情況。

迴避法

如果在交談中，對方的立場與你的觀點相悖，或者某些話題讓人難以立刻接受時，可以選擇稍微迴避，暫時不直面反駁或拒絕，而是將話題轉移到其他更容易溝通的問題上。這種技巧能有效減少對抗，維持談話的和諧氛圍。

注意對方的回饋並調整自己的表達方式

聽取反饋

在進行溝通時，尤其是表達坦誠的過程中，及時關注對方的反應至關重要。觀察對方的語言和肢體反應，了解對方是否理解並接受你的資訊。如果發現對方感到不安或困惑，應及時調整自己的語氣或方式。比如：當對方顯得不耐煩或困惑時，你可以適時地解釋或者重新表達你的意思，以便使對方理解你的真誠意圖。

情感共鳴

在與他人交談時，保持情感的共鳴能幫助建立更加和諧的關係。表達坦誠並不僅僅是說出事實，還要讓對方感受到你真誠的情感。當你表達自己不滿或困惑時，試著站在對方的立場，理解其感受，這樣能讓溝通變得更加平易近人。

坦誠表達的核心是誠信與真摯

表達坦誠並非僅僅是話語的直接或直白，更重要的是在表達過程中保持真實與誠信。只有當我們真正理解對方的需求、情感以及情境後，才能以最合適的方式傳達自己的想法。在所有溝通技巧中，最重要的還是誠懇與真摯，這是建立長久信任的基礎。在日常生活和工作中，正確地運用這些表達技巧，能幫助我們在人際關係中獲得更多的理解與支持，達成更高效的合作與交流。

第三章　口才表達的藝術：掌握溝通的關鍵技巧

技巧	具體應用	效果
委婉法	適度隱喻或暗示不易直說的事	平和表達，避免衝突
徵詢法	先提出部分意見，再觀察反應	減少誤解，促進理解
隱瞞法	隱瞞不關鍵的事實，減少困擾	保障對方情感，維護和諧
迴避法	轉移話題，避免直面衝突	維持和諧的談話氛圍
回饋調整	根據對方的反應及時調整語氣	促進理解，減少誤會

　　表達坦誠的口才不僅能夠增進彼此的理解，還能夠在多種社交場合中建立起更為堅實的人際關係。

勸架口才：如何巧妙化解爭端

在生活和工作中，爭執與矛盾在所難免。夫妻、親友、同事、鄰居之間，矛盾和衝突隨時可能發生。當矛盾激化、情緒失控時，常常需要旁人的介入來及時勸解。這時，如何以巧妙的口才幫助平息爭吵，化解矛盾，便成為一門重要的溝通藝術。

了解情況：明晰矛盾源頭

確保有全面了解

在勸架過程中，首先要了解爭執的具體情況。如果沒有了解清楚矛盾的原因，盲目勸解不僅無法解決問題，還可能加劇對方的反感。深入了解爭執的背景和情境，才能根據具體情況做出有效的干預。

關鍵在於觀察與傾聽

對於複雜的爭吵，應該從正面和側面去收集資訊，全面了解雙方的立場、情緒及言詞，避免只從一方的角度理解事情。了解情況後，再進行針對性地勸解，才能達到平息爭端的目的。

分清主次：鎖定焦點

識別爭吵中的核心

在每次爭吵中，往往有一方是情緒最激動、言辭最尖銳的，而另一方則可能相對冷靜。勸架時應該根據雙方的情緒波動，將精力集中在最激烈、最易爆發的那一方，這樣更容易平息爭端。

避免均等介入

在爭吵中，不能無差別地對待雙方。將時間和精力集中於最需要干預的一方，能夠迅速平復情緒，避免矛盾進一步升級。這樣可以提高勸解的有效性，快速達成平衡。

批評要婉轉：小心引導

避免火上加油

爭吵中的情緒往往非常激烈，批評與指責可能激化矛盾。勸解時，應避免使用尖銳的語言，並且要盡量用委婉、柔和的方式表達。這樣可以降低對方的防備心理，讓對方願意聽取你的意見。

特殊情況下高聲警告

如果爭執升級到人身攻擊或暴力行為時，應立即采取高聲警告來阻止事態惡化。比如：可以大聲說：「不准打人！有話好好說！」或是「放下棍子！不能這樣做！」這樣的語言能迅速讓爭執者冷靜下來，防止進一步的衝突。

語言風趣幽默：放鬆緊張氣氛

運用幽默化解僵局

當兩方激烈爭吵時，氣氛通常非常緊張。此時，輕鬆幽默的語言能有效緩解這種緊繃的氛圍。例如：適時插入一兩句輕鬆風趣的話語，不僅能讓爭吵者感受到你的誠意和善意，還能讓大家放下戒備，迅速緩和情緒。

幽默作為潤滑劑

幽默語言像潤滑劑一樣，能幫助緩解緊張的局面，使得氣氛放鬆，讓爭吵者重新找到共同的立場。這不僅能化解爭端，還能讓場面不至於僵持太久。

客觀公正：平衡雙方立場

公平對待，不偏袒任何一方

勸架時要保持公正，不偏袒任何一方，而是根據事實公正地分析問題。這樣能增強說服力，使雙方都能接受勸解。如果你只是簡單地「和稀泥」，兩方都不滿意，那麼結果往往是適得其反。

實事求是，適當的分析與勸解

不要只是簡單地指責或支持某一方，而是要根據事實，從中立的角度進行分析，讓當事人感受到你的公正。這樣能在平衡雙方情緒的同時，達成有效的勸解，讓雙方願意接受勸說。

勸架口才的精髓

勸架的口才技巧不僅僅是巧妙的語言運用，更是情感理解和智慧的結晶。只有了解矛盾的根源，分清主次，採用合適的表達方式，並保持客觀公正，才能有效化解爭端，恢復和諧的關係。記住，良好的勸架口才，能夠成為緩解矛盾、促進理解的橋梁，幫助大家在面對衝突時找到共識。

第三章　口才表達的藝術：掌握溝通的關鍵技巧

勸架技巧	具體應用	關鍵效果
了解情況	詳細了解爭執的原因與背景	精準鎖定問題，避免誤解
分清主次	集中注意力處理情緒激烈者	更有效平息矛盾
批評婉轉	用委婉語言化解激烈言辭	降低對方牴觸情緒，促進對話
幽默風趣	以輕鬆幽默減輕緊張氣氛	放鬆雙方情緒，緩解衝突
客觀公正	公正分析事實，避免偏袒	增強信任，促進和解

　　透過靈活運用這些技巧，不僅能化解眼前的爭執，還能提升人際交往中的情商，達到和諧共處的目的。

第四章
社交口才：
如何在社交場合中遊刃有餘

在當今社會，口才在各種社交場合中的重要性不言而喻。無論是在商務會議、聚會還是日常交流中，擁有良好的口才能讓人更加自信、靈活地表達自己，也能迅速建立與他人的良好關係。相對而言，口才較弱的人則容易處於被動位置，往往只能作為旁觀者，無法在社交場中發揮主動性。因此，掌握社交口才的技巧成為現代人必不可少的素養之一，它直接關乎一個人在事業和人際關係中的成功。

第四章 社交口才：如何在社交場合中遊刃有餘

溫暖人心的安慰：
如何在逆境中給予真誠的支持

人生的道路不總是平坦的，無論是事業上的挫折，還是家庭中的困難，難免會面對逆境與不幸。當朋友或親人遭遇困難或不幸時，給予他們溫暖的安慰，不僅能夠幫助他們渡過難關，也是人際交往中的一種美德。安慰他人需要真誠的心態和合適的表達方式，只有這樣，才能讓對方感受到關懷與支持，從而幫助他們逐步走出困境。

真心誠意：關鍵在於真誠的關懷

當朋友或親人遭遇困難時，最重要的是傳達出你對他們真誠的關心。這樣的安慰才能觸動對方的心，並且帶來真正的安慰。特別是在面對重大疾病或困難時，適時的問候和幫助會讓對方感受到溫暖。例如：當一位朋友正在治療重病時，與其說「別擔心，你會好起來的」這樣不符合現實的安慰，不如問一句「你現在感覺如何？有沒有什麼我可以幫忙的？」這樣真誠的語言，不僅傳遞了關懷，也讓對方明白你願意在他們需要時提供幫助。

避談自己：以他人為中心

當朋友遭遇不幸時，應避免過多談論自己的經歷或將焦點轉到自己身上。這樣做可能會讓對方覺得自己被忽略，無法真正獲得安慰。在安慰他人時，重點應放在理解他們的感受和困境，而不是藉此機會談論自

己的類似經歷。雖然說「我能理解你的感受」是有幫助的，但「我經歷過相似的情況」則可能顯得過於自我中心。因此，安慰應該是圍繞他人的需求來進行，而不是將自己的情感強加於他人。

忌表憐憫：尊重他人的感受

憐憫有時可能會引起對方的反感。對於一個面臨困境或失落的人來說，聽到「可憐」或「造孽」這類詞語只會加重他們的痛苦，甚至會傷害到他們的自尊心。真正的安慰應該尊重對方的情感，並鼓勵他們堅強面對困難。例如：對於一位失業或事業受挫的朋友，我們應該說「我相信你有能力克服這個挑戰」而不是「真可憐，這樣的情況誰都難以承受」。這樣的語氣和表達方式能夠更好地激勵他們，幫助他們從困難中走出來。

根據不同場合給予不同的安慰

安慰的方式應該根據不同的情境來選擇。對於身患重病的人，安慰時應少談病情，而是多談一些讓他們感到輕鬆和愉快的話題，例如他們喜歡的興趣或活動，或者分享一些正面的消息。這樣能夠幫助他們減少病痛帶來的精神壓力，促進康復。

對於那些因為生理缺陷或家庭背景而受到歧視的人，安慰時應該強調他們的優勢和潛力，幫助他們重新樹立信心，並且分享一些成功的例子，讓他們感受到即使面對困難，仍然可以憑藉自己的努力走向成功。

針對事業受挫的人進行鼓勵

對於事業上遭遇挫折的人，我們的安慰應該更多地展現理解和支持，而非同情。這些人通常對自己的事業有很高的期望和強烈的追求，因此安慰的重點應該放在鼓勵他們重新振作、分析問題、汲取經驗，並且幫助他們看到未來的希望。這樣的安慰能夠激發他們的鬥志，讓他們在困難中找到前行的動力。

喪失親友者的安慰

對於失去親友的人，最好的安慰有時是讓他們發洩悲傷的情緒，而不是急於勸阻或讓他們「放下」。適當地詢問一些有關死者的事情，讓他們回憶死者生前的點滴，這樣不僅能幫助他們釋放情緒，還能讓他們感受到對方的生命價值被尊重。談論死者的優點和成就，也能讓悲痛的人感受到他們對死者的懷念和敬意，從而緩解悲傷，重新找回生活的希望。

以真誠為本，溫暖他人

在任何不幸和困境面前，安慰他人是一種極為重要的社交技能。真誠的關心、避免自我為中心、尊重對方的感受，都是安慰他人的重要原則。每個人都會經歷低谷，當我們能夠在他人最需要的時候伸出援手，給予溫暖的安慰，便能成為他人心靈的依靠，幫助他們重新找回希望，勇敢面對未來。

安慰技巧	具體應用	關鍵效果
真心誠意	真誠地表達關心，避免虛假安慰	傳遞關懷，增強信任和支持
避談自己	專注於對方的感受和需求	讓對方感受到被理解和尊重
忌表憐憫	用正面、支持的語言代替憐憫	增強對方的自信，避免傷害自尊
根據場合調整安慰	根據情況調整安慰的方式	更加貼合對方的情況，促進康復
鼓勵事業受挫者	鼓勵對方振作，分析問題	激發動力，幫助重拾信心
喪失親友者的安慰	讓對方發洩悲傷，回憶死者	促進情感釋放，減輕悲痛

每一次的溫暖安慰，都是一次心靈的治癒，能幫助人們重拾生活的希望和力量。

第四章 社交口才：如何在社交場合中遊刃有餘

與陌生人相交的訣竅：
如何建立有效的人際關係

初次見面時，儘管彼此了解不多，但我們可以透過一些外部特徵來尋找合適的話題進行交流。這不僅有助於縮短心理距離，還能促進雙方的好感與理解。以下是與陌生人建立良好交流的幾個有效技巧：

抓住對方的年齡和性別特徵

了解對方的年齡和性別特徵是選擇合適話題的第一步。根據這些特徵，可以提出對方可能感興趣的話題，這樣能讓對話更自然。例如：與年長者談論健康與長壽，與年輕父母交流孩子的教育或育兒經驗，這些都能迅速拉近彼此的距離。即使你不太了解對方的興趣，談論一些普遍的話題，如最近的新聞或書籍，也是開啟對話的好方式。這些話題能夠引起對方的共鳴，讓你給對方留下良好的印象。

從日常話題開始

根據著名作家丁・馬菲的說法，「儘量不說過於深奧或新奇的話語，而是從身邊的瑣事入手，是促進人際關係成功的鑰匙。」過於華麗或突兀的言辭可能會給人留下浮誇的印象，而日常的、容易引發共鳴的話題，反而能拉近雙方的心理距離。例如：談論對方的故鄉，或是在聽到對方提及某個地方後，可以說：「那個地方我也去過。」這樣的話語能讓對方產生親切感，也能加深彼此的印象。

不要輕易否定對方

初次見面時，避免直接否定對方的看法或觀點是建立良好人際關係的關鍵。在這個階段，對方可能還未能充分了解你的觀點，因此過早的反駁可能會讓對方感到不悅。如果有不同的意見，可以透過柔和的方式提出，避免當面否定。例如：使用第三方的觀點或引入更廣泛的共識，可以減少對方的反感，讓交流更加和諧。

了解對方所期待的評價

每個人都希望在他人面前展現出最好的自己，因此了解對方的期望並適當地表達，可以促使對方對你產生好感。對於那些正在減肥或有健康目標的人，可以透過正面反饋來鼓勵他們。比如：當你知道對方在進行減肥時，你可以說：「你看起來比之前瘦了不少，真的是變得更健康了。」這樣的話能讓對方感到自信和愉快，並且促使進一步的交流。

引導對方談得意之事

每個人都有自己引以為傲的事，恰當地提出相關問題，能讓對方愉快地談起來，並增進彼此的了解。例如：如果你知道對方是某個領域的專家，可以問：「我聽說您在某某領域有很多成就，能分享一些經驗嗎？」這樣的問題能讓對方感到受尊重，並且樂於與你深入交流，從而拉近彼此的距離。

第四章　社交口才：如何在社交場合中遊刃有餘

坐在對方的身邊

　　面對面與陌生人交談，經常會讓人感到緊張。不過，如果你選擇坐在對方身邊而非對面，會讓交流更加自然、輕鬆。這樣可以避免目光直視的壓力，也減少不必要的緊張感，從而更容易建立起互信和親近感。

尋找與對方的共同點

　　無論是同鄉、同學還是有相似興趣的人，找到共同點總是能讓雙方迅速拉近距離。比如：你和對方來自同一個城市，或者有共同的愛好，這些都能成為交流的橋梁。一旦發現共同點，心理距離也會瞬間縮短，對話更加輕鬆愉快。

流露關注之情

　　表現出對對方的真誠關心，能讓對方感到自己被重視。例如：在見面前了解對方的興趣愛好，或聆聽對方曾經談論過的事，事後提出來作為話題。這不僅表達了你的關心，也讓對方感受到你的誠意，從而更願意與你繼續交流。

建立人際關係的基礎

　　與陌生人相交的藝術在於選擇適當的話題、理解對方的需求，並且尊重對方的感受。只要真誠地對待每一次交流，並善於尋找共同的話題和興趣，就能有效地建立人際關係，從而開創更多的人脈機會，讓你在社交場合中遊刃有餘。

初次交談的禁忌：
如何避免地雷，建立良好的人際關係

在初次交談中，如何開啟話題、保持適當的交往節奏以及避免踩入禁忌，都是影響交談成功的關鍵因素。對話的自然流暢並非單方面的努力，而是雙方互動的結果。以下是一些避免初次交談中常見錯誤的技巧，幫助你建立良好的人際關係。

保持平衡，避免一方過多發言

初次見面時，過多的自我表述會讓對方感到壓力山大，或者覺得自己無法參與對話。因此，在交談中，應該掌握「7分對方，3分自己」的比例。如果對方表達了7分，那麼你可以補充3分，保持對話的雙向流動，避免單方面的侃侃而談。

適時發問，避免單向詢問

在初次交談中，盡量避免一味地詢問對方私人資訊，這樣會讓對方感到被盤問，甚至會不適應這樣的對話方式。應該先進行簡單的自我介紹，然後根據對方的回應進一步發問或補充。例如：詢問對方住哪裡，從事何種工作等時，避免連續拋出問題而不進行適當的反應或交流。

言行得體，避免過於直接或冒犯

初次交談時，一定要謹慎言行，避免過於直接或冒犯對方的語言。例如：對方在分享不愉快的經歷時，切勿插話或評論，應保持尊重和理解。如果對方談及敏感話題，避免強行插入自己的看法，而是更應該保持聆聽的態度，讓對方感受到你的關心與理解。

尊重對方，避免不必要的自誇

初次交談時，切勿過度自誇，無論自己有多大成就，都不應在對話中反覆強調自己的優勢。這樣的行為會讓對方感到不舒服或有壓力。適當展示自己的特點和優勢，而非不停地強調自己，這樣更能吸引對方的注意並建立平等的交流基礎。

學會耐心聆聽，避免急於作答

在對話中，如果對方提出問題，不必急於回答。可以稍作停頓，給自己一點時間思考，再做回應。這樣的沉默不僅能讓對方感受到你在思考問題，還能顯示出你對對話的認真態度。如果對方說錯了某些話，應該先肯定其正確部分，然後再委婉地提供不同的觀點，這樣能避免引起對方的不快。

掌握時機，避免過早結束對話

當兩個人交談愉快時，不要急於告辭，應等到對話接近尾聲時自然地結束。這樣可以讓對方感受到更多的情感連繫和對話的價值。結束對話時，可以適當表示希望再次見面，這樣有助於營造持久的良好印象。

避免背後評論或負面言論

在與陌生人交談時，切勿在背後對他人進行評論或貶低，這不僅會讓你失去對方的信任，也會讓你顯得不成熟。每個人都有自己的看法和立場，初次見面時應該專注於建立積極的交流，避免進行負面的言語表達。

與陌生人交談的藝術

初次交談的成功在於合理的節奏、適時的發問、謙遜的態度和真誠的表達。掌握這些禁忌和技巧，你將能夠更輕鬆地與陌生人建立良好的關係，並為未來的交往打下堅實的基礎。記住，交談是建立信任和理解的重要橋梁，適時的話語和態度將使你在人際交往中遊刃有餘。

第四章　社交口才：如何在社交場合中遊刃有餘

自我介紹的藝術：如何給人留下深刻印象

在社交場合中，初次見面時的自我介紹往往成為建立良好人際關係的第一步。自我介紹不僅是基本的禮儀，也是展示自己個性、能力和魅力的機會。如何用恰當的方式進行自我介紹，成為了每個人都應該掌握的社交技巧。

平和自信，展現真實自我

初次交往時，無論是面對熟悉的朋友還是完全陌生的人，保持平和自信的態度非常重要。應該大方自然地介紹自己，避免過於羞怯或過度緊張，這樣會讓對方感受到你的真誠與自信。自我介紹時，應該展現出希望建立連繫的態度，而不是顯得過於拘謹或不安，這樣才能讓對方有願意進一步了解你的欲望。

根據場合，繁簡得當

自我介紹的內容應根據不同場合來調整。在一些較為正式的場合，如面試、求職或公共場合，介紹可以稍微詳盡一些，除了姓名外，還可以涉及一些專業背景或成就；而在朋友聚會或社交活動中，則可以簡短地介紹姓名和身分，過多的細節可能會讓對話顯得過於沉重或無趣。根據場合的需求來決定自我介紹的範疇和深度，這樣更容易讓人接受並產生好感。

把握分寸，避免過度自誇

介紹自己時，保持謙遜和自識是非常重要的。過度的自誇會讓對方感到不適，覺得你不夠真誠。適當表達自己的特長與成就，但不應該過多強調自己，避免給人留下過於自負的印象。自我介紹時應該以平和的語氣表達「我」的資訊，讓人感受到你既自信又謙虛，這樣能夠增強對方的信任感。

巧妙地介紹姓名，增添記憶點

姓名往往承載著豐富的文化背景和情感寄託，一個巧妙的自我介紹可以讓對方記住你。例如：可以講述自己的名字背後的故事，或者對名字的理解與詮釋。這樣不僅可以讓名字更加生動，也能讓聽者感受到你的文化修養和個人魅力。比如：可以說：「我叫李峰，這個『峰』字寓意著我的父母希望我能像山峰一樣堅強。」這樣的介紹能讓人對你產生深刻印象。

獨具特色，讓自我介紹與眾不同

簡單的自我介紹容易被忽略，然而，一個具有獨特風格的自我介紹則能深深地印在對方腦海中。譬如，譚飛在介紹自己時，以自嘲的方式將自己的外貌特徵與個人魅力相結合，這樣的介紹既有趣又充滿智慧，令人記憶深刻。另外，介紹自己家鄉的特色或文化背景也能為自我介紹增色不少。例如：某人介紹自己來自嘉義時，可以提到「阿里山有聞名世界的雲海與櫻花」，這樣既展現了個人風格，又能讓對方對你的背景產生好奇與興趣。

第四章　社交口才：如何在社交場合中遊刃有餘

自我介紹的藝術

　　自我介紹不僅僅是展示自己的一個機會，更是拉近人際距離的橋梁。透過平和自信的表達，根據場合的需要調整介紹的內容和方式，並巧妙地用幽默和特色點綴自我介紹，能夠讓你在人際交往中更具吸引力。記住，精心準備和真誠展現自我，是成功的關鍵。掌握這些技巧，無論是生活中還是職場中，都能助你建立深刻且長久的連繫。

怎樣說好應酬話：
在人際交往中的溝通藝術

　　應酬是現代社會中不可避免的一部分，它不僅是人際交往的手段，還是達成行為目標的工具。如何在各種社交場合中使用恰當的應酬話，往往會直接影響交往的成效。學會說好應酬話，不僅能夠增進彼此的理解，還能促進關係的發展。以下介紹一些常用的應酬話，幫助你在交際場合中得心應手。

恭賀話：表達祝福與支持

　　恭賀話是一種常見的交際語言，用來表達對他人喜慶事情的祝福。無論是在慶祝生日、升遷還是其他成就時，恭賀語能有效地傳遞你的關心與祝福。在使用恭賀話時，要注意情景和語氣：

　　情景性：根據具體情境來選擇祝賀語。例如：在婚禮上可以說：「祝你們永結同心，百年好合。」而在朋友事業成功時，可以說：「恭喜你事業有成，未來更加輝煌。」

　　情感性：恭賀話要富有情感，語氣要熱情，語調適中，能夠感染對方，讓對方感受到你真誠的祝福。

　　簡潔性：適當簡潔，避免過多的言辭和旁敲側擊，讓祝福語語氣直接且有力，給人留下深刻印象。

　　恭賀的話語不僅能增進友誼，還能讓對方感受到你的真誠與支持。

勉勵話：鼓勵他人走出困境

在面對朋友或同事的困難時，適時的勉勵話語能給予對方力量。勉勵話不僅是一種情感支持，也是一種心理建設。當對方面臨挑戰或挫折時，勉勵可以幫助其重拾信心：

真切感人：勉勵語應當語重心長，切忌空洞無物的詞句。適當的語氣能讓對方感受到你真誠的關心。

對症下藥：根據對方的情況量身定制鼓勵語。例如：「我知道你這段時間很辛苦，但你一定能度過難關，因為你有無限的潛力。」

勉勵的話語能為他人點亮前行的道路，並讓對方感受到你的支持與信任。

告別話：保持友好的離別語氣

在交際場合中，告別話同樣很重要。它不僅是結束一次交談的過程，也是給人留下良好印象的關鍵。告別時，要注意語氣自然真誠：

簡單而禮貌：如「再見」、「慢走」、「希望下次再見到你」，這些都是常見且不失禮的告別語。

禮節性：在某些正式場合，告別時應該注重禮節，比如說：「再次感謝您的接待，期待以後有更多的合作機會。」

告別語要自然、誠懇，讓對方在離開時感受到你的好意，保持友好的關係。

道歉話：真誠表達歉意

當我們犯錯或讓對方不滿時，適時的道歉是維護關係的必要手段。道歉話應該真誠且富有誠意，以彌補可能帶來的情感裂痕：

誠懇表達：如「對不起，我沒有做好，真的很抱歉。」如果需要，可以加上強調歉意的語句，如「非常抱歉帶給你麻煩，我會改進。」

適時解釋：如果情況允許，可以簡單解釋原因，但不要過多辯解或推卸責任。坦誠的道歉更容易得到對方的原諒。

道歉是表達誠意和責任的方式，正確的道歉能為關係帶來和解的機會。

恭維話：建立良好關係的橋梁

恭維是增進友誼、促進合作的重要工具。適當的恭維能讓對方感到被尊重和欣賞，但過度或不真誠的恭維可能會適得其反：

恭維內容：針對對方的品味、能力或努力的成就來恭維，而非僅僅外貌。例如：「你的見解總是那麼獨到，每次和你談話都受益匪淺。」

恭維方式：不要讓恭維顯得過於浮誇或做作。真誠的恭維能引起共鳴，讓對方更樂於接近你。

恭維語不僅能夠表達對他人的欣賞，還能為交往創造愉快的氛圍。

應酬話的藝術

應酬話不僅是維繫人際關係的潤滑劑，更是達成目標的重要工具。在交際場合中，如何恰到好處地運用恭賀話、勉勵話、告別話、道歉話

第四章　社交口才：如何在社交場合中遊刃有餘

和恭維話，是每個人必須掌握的藝術。精心設計的應酬話不僅能促進溝通，還能讓你在人際交往中如魚得水。掌握了這些應酬話的技巧，你將能更輕鬆地在社交場合中遊刃有餘，建立更廣泛且深入的人脈。

把握應酬的主動權：提升人際交往的關鍵

應酬是一門藝術，它不僅是一種社交手段，更是達成目標的重要工具。無論在工作還是生活中，如何在應酬中把握主動權，往往決定了交往的成敗。那些擅長應酬的人，無論來自哪個領域、地區或背景，都有一個共同的特點，那就是他們在應酬中總是能夠主動出擊、掌握主動權，並善於利用應酬的技巧建立良好的關係。

形式上是被動者，行動上是被動者

在應酬中，有時形式上看似是被動的一方，但如果行動上也未能表現出應有的正向態度，那麼會使整個應酬進程變得更加被動。比如：在辦公室接待來訪者時，若祕書未能主動問候或接待，而是冷冷地坐著不搭理來訪者，這不僅讓對方感到不受重視，還可能使整個會議陷入僵局。這樣的應酬態度會對公司形象產生負面影響，甚至錯失一些商業機會。

形式上是主動者，行動上卻是被動者

有時候，雖然表面上看似主動的應酬行為，實際上卻未能真正掌控局面。比如：當你以求助者的身分接觸他人時，如果語氣過於命令或不夠禮貌，對方很可能會感到反感，進而不願幫助你。這樣的應酬往往會變成被動局面，即使你走出去了，依然無法有效達成目標。相反，如果你能夠表現出恭敬、謙遜的態度，用請求的語氣來表達需求，則有可能將整個情況轉變為正向的結果。

第四章　社交口才：如何在社交場合中遊刃有餘

形式上是被動者，行動上卻是主動者

在應酬中，最重要的是學會在表面上看似被動的情況下，主動掌控局面。當來訪者進入你的辦公室，形式上你是被動的接待方，但如果你能夠主動起身迎接、熱情問候，並且在交流過程中始終表現出對對方的重視和尊重，你便能在不知不覺中掌握主動權。這樣的應酬不僅能夠讓對方感受到你的真誠，也能夠為你的工作和生活創造更多機會。

被動中尋找主動

在許多情況下，我們可能會遇到被動的應酬情境，比如等待他人回覆或需要從別人那裡獲得幫助。這時候，如何利用自己的積極行動轉變局面，成為成功應酬的關鍵。例如：當你發現對方未能及時回應時，不要無動於衷，而是應該主動跟進，表達對事情的關心和對對方的理解，這樣既能表現出你的主動性，也能使對方感到你的真誠和專業。

增強應酬效果的技巧

把握應酬中的主動權，不僅僅是表現出熱情和禮貌，還需要技巧上的運用。良好的應酬技巧包括適時的稱讚、合適的時機表達關心、以及對每一細節的注意。比如在與上司或同事溝通時，適當的贊美他人的工作或表現，能夠促進彼此的合作關係；而在商務會議中，適時地表達對他人時間和努力的感謝，則能顯示出你的職業素養和人際魅力。

掌握主動權，讓應酬更為順利

應酬不僅是社交中的一部分，它還是一項關鍵的生活技能。能夠在應酬中把握主動權，無論是面對外來來客還是合作夥伴，都能幫助你在競爭激烈的社交環境中脫穎而出。當你能夠掌握主動，並運用恰當的技巧來進行應酬，你將在社交場合中遊刃有餘，擁有更多的機會和人脈。掌握主動權，才能在應酬中真正達到你的目標，獲得理想的結果。

第四章　社交口才：如何在社交場合中遊刃有餘

聚會時的說話藝術：掌握社交場合中的溝通技巧

在各種社交場合中，如何說話、選擇合適的話題和時機，不僅決定了你在聚會中的形象，也會影響你與他人的關係。良好的社交口才能幫助你在短時間內建立親密的關係，而糟糕的表現則可能讓你錯過建立人脈的機會。了解聚會中的說話藝術，將有助於你在人際交往中遊刃有餘。

自我介紹的技巧

在聚會的初期，常常需要進行自我介紹。這不僅是為了讓對方了解你，更是一個建立良好印象的機會。自我介紹時應簡潔而不簡單，避免長篇大論地列舉自己的經歷，而應該抓住重點，讓對方記住你。介紹自己的姓名、職業及一點興趣愛好是必需的，讓對方感受到你的真誠與親切。

在正式場合，如求職面試或商業會議中，自我介紹要具備專業性，突出自己的專長與經歷；而在朋友聚會或輕鬆場合，則可以多些輕鬆幽默的元素，拉近彼此的距離。無論何時，保持自信但不自誇，讓對方對你留下深刻的好印象。

選擇合適的話題

在聚會中,選擇合適的話題至關重要。不要過於私人的話題或讓人感到尷尬的問題。可以根據當前的情境或周圍的環境來選擇話題,這樣更容易引起共鳴。例如:在聚會的開始時,談論當季的天氣、最近的熱點事件,或是大家共同參加的活動,都能自然地帶動話題的開場。

同時,尊重對方的興趣和愛好,避免一味地談論自己。例如:如果對方是一位愛好旅行的人,你可以聊一些旅行經歷,這樣對方更容易參與討論並與你建立連繫。

聆聽與互動

良好的交流不僅僅是發表自己的觀點,更要傾聽對方的想法。在聚會中,聆聽是加深彼此理解和建立友誼的關鍵。當對方發表意見時,保持眼神交流,適時點頭,這不僅是對對方的尊重,也會讓對方覺得自己被重視。適當地發問,展示出你的關心和興趣,也能促使對話更自然地進行。

此外,避免在對方講話時頻繁打斷。即使你有很多話想說,也應該等待對方說完,這樣可以表現出你對對方觀點的尊重,並讓自己更容易得到對方的認可。

謙遜與適當的自我推銷

雖然謙遜是社交場合中必備的美德,但適當的自我推銷也能幫助你在聚會中脫穎而出。比如:在合適的時候,提及自己的專業技能、過去

的成就或未來的目標，但切忌過度誇張或過於自誇。以謙遜的態度介紹自己，可以讓對方感受到你的自信同時避免引起反感。

如果別人問起你最近的成就，可以簡單介紹，但要注意語氣自然，不要讓人覺得你是在強調自己有多出色。理想的做法是讓對方更多地參與到討論中來，這樣你就能在自然的交流中展示自己的優勢。

適時的幽默與輕鬆氛圍

幽默是社交場合中的潤滑劑。適當的幽默可以迅速緩解尷尬的氣氛，增強彼此的親近感。然而，幽默要把握好分寸，過於尖銳或諷刺的笑話可能適得其反，讓人感到不悅。在聚會中，最理想的幽默形式是輕鬆有趣，不冒犯任何人，並且能使氣氛更加輕鬆。

例如：談論一些輕鬆的話題，如旅行趣事、日常生活中的小插曲，或者用幽默的方式自我調侃，都能讓周圍的人感受到你的風趣與親和力。

聚會結束時的得體告別

在聚會即將結束時，適當的告別語不僅能保持良好的印象，還能為將來的交流鋪平道路。告別時應保持禮貌，可以說「今天很高興認識大家，希望以後能常見面」，或是感謝主辦方的邀請。「謝謝今天的招待，我度過了一個愉快的時光，希望下次還能再聚」是比較自然且得體的告別語。

無論是商務聚會還是私人聚會，最後的告別語都要誠懇而不過於匆忙。這樣能讓對方感受到你的尊重，並為未來的合作或交流打下良好的基礎。

掌握聚會中的說話藝術

　　良好的社交口才不僅能提升個人魅力，也能促進人際關係的發展。掌握聚會中的說話技巧，從自我介紹到選擇合適的話題、適當的幽默以及得體的告別語，都能讓你在人際交往中自如應對，令人留下深刻的印象。學會說話的藝術，不僅讓你在聚會中成為焦點，還能讓你在各種社交場合中遊刃有餘，建立有益的社交網路。

第四章　社交口才：如何在社交場合中遊刃有餘

如何讓對方感到一見如故

在人際交往中，能讓對方產生「一見如故」的感覺，往往能迅速建立起親密的關係，增進相互之間的信任與友誼。無論是商務場合還是私人聚會，懂得如何交談，運用一些小技巧，能讓你在短時間內與陌生人打開話匣子，讓他們覺得與你相見恨晚。以下是幾個讓對方感到「一見如故」的溝通技巧。

說好開場白

第一次見面，開場白尤為重要。這句話不僅是你給對方留下的第一印象，也往往決定了未來交談的基調。開場白應當親切、真誠，幫助對方迅速消除陌生感。可以採取以下三種方式：

- **攀認式**：如果你能發現與對方有共同認識的人，這句話可以立即拉近距離。比如：「我和你姐姐是同學」或「我是你父親的同事」，這樣短短的一句話便能縮短與對方的距離。
- **敬慕式**：表示對對方的尊重或仰慕，有助於營造一個良好的開場。可以說：「我聽過很多關於您的事，非常敬佩您。」但要注意分寸，避免過度誇張。
- **問候式**：一個簡單的問候，如「您好」、「您早」已經足夠，視場合不同，還可進一步加以調整，如對長者可以說「您老人家好」，這樣會顯得格外有禮貌。

尋找共同感興趣的話題

當對方感受到與自己有共同的興趣或經歷時，交談會變得更有深度和趣味。在初次見面時，可以從對方的外貌、穿著或是周圍環境中尋找線索。細心觀察，並根據對方的反應進一步深入交談。例如：如果對方戴著某個品牌的手錶或提著某個品牌的包包，你可以順勢問問關於品牌的看法，這樣既能展開話題，也能讓對方感受到你對他的關注。

例如：當你看到一位陌生人有關於書法的興趣，可以從他牆上的字畫入手，說：「這幅字真不錯，您平時有學書法嗎？」如此一來，既不突兀又能快速建立共同話題，讓對方產生親切感。

找準時機，適時切入

交流的時機掌握得當，能讓人感受到你與他之間的默契。與陌生人交談時，觀察對方的言談舉止，適時插入對話。如果對方剛剛談到自己的一個經歷或成就，你可以適時分享自己的看法或相似的經歷，這樣能讓雙方在思想上達到共鳴。例如：當對方談到工作中的挑戰時，你可以說：「我也有過類似的情況，當時我選擇了這樣的方式去解決。」

如果對方似乎在等待某個問題的回答，而你也恰好知道這個答案，不妨直接表達出來，這樣能增加雙方的互動和信任。

了解對方的心理

交談中，最能打動對方的往往不是一味的自我表達，而是能夠洞察對方的需求和情感。了解對方的心理狀態，可以幫助你調整語氣和話題，使交流變得更加自然、順暢。例如：如果你發現對方最近遇到困難

第四章　社交口才：如何在社交場合中遊刃有餘

或有些情緒低落，適時地表達理解和安慰，能拉近彼此的距離。

此外，在對話中保持真誠，避免過度的吹捧或討好，這樣會讓對方感到不真實。相反，透過共鳴的方式，分享對方感興趣的話題，能讓交流更為親切。

設計好告別語

當交流結束時，一句真誠的告別語能讓對方感到愉快並期待下一次的見面。告別語不必過於簡單，適當的話語能讓對方感受到你的真誠與尊重。例如：「今天很高興能與您交流，希望未來還能再見面。」這樣的告別不僅讓對方感受到你的誠意，也為未來的交往鋪平了道路。

如果與對方建立了深厚的關係，你可以說：「下次如果有機會，一起共進午餐吧！」這樣既表達了對未來交流的期待，也讓對方感到你真心想保持連繫。

以真誠為基礎，建立深厚關係

讓對方感受到「一見如故」的關鍵在於真誠與共鳴。透過適當的開場白、尋找共同的話題、把握交流的時機以及了解對方的心理需求，你將能在短時間內與陌生人建立起良好的關係。無論是在社交場合還是工作場合，掌握這些交談技巧，都能幫助你迅速與他人建立深厚的友誼或合作關係，讓彼此的交往變得更加融洽、順利。

道歉的原則和要領

　　每個人都會犯錯，尤其是在日常交往中，由於疏忽或言行不當，經常會無意中讓他人受到傷害。此時，及時且誠懇的道歉能有效化解誤會，促進關係的修復。道歉並不是一種低頭，而是一種表現尊重和責任感的行為，能夠修復損壞的關係，並增進彼此的信任。那麼，如何有效地道歉呢？

道歉的原則

　　道歉必須遵循兩個基本原則：誠懇與及時。

誠懇

　　誠懇是道歉的核心。要真心實意地表達自己認識到錯誤的態度，並希望能夠得到對方的諒解。這樣的道歉不僅能夠表現出自己的真誠悔過，也能讓對方感受到你的誠意。

及時

　　道歉的時機至關重要。當發現自己犯了錯，應該儘早向對方道歉，而不是拖延或逃避。及時的道歉可以減少誤解和情緒的積壓，讓關係迅速回到正軌。

　　案例：三國時，孫權在對張昭的不尊重行為上犯了錯，並且在多次嘗試道歉無果後，最終在外出時以身作則，直至張昭接受了道歉並且兩人重修舊好。孫權的道歉，誠懇且不失禮節，最終修復了關係。

第四章　社交口才：如何在社交場合中遊刃有餘

道歉的範圍

道歉的範圍可以涉及生活中的多個方面，無論是工作中的疏忽，還是日常生活中的無意之過，都應該向對方表達歉意。

- **對朋友和家人**：如果你未能完成他們託付的任務，或無意中做了讓他們不開心的事情，應該及時道歉。
- **對陌生人或同事**：無論是無意中碰撞，還是言語上不慎，無論是否對方表現出不滿，及時道歉都是必要的。
- **對失禮的行為**：無論是在公共場合還是私人空間，若你的行為讓他人感到不快，應該誠懇地向對方道歉。

道歉的要領

(1) 真摯誠懇的態度

道歉時應該有真摯的態度，不要因為面子或羞愧感而躲躲閃閃。真正的道歉是勇於承擔錯誤，表達出自責和悔意。

案例：某位國家領袖因為與外國政要的會議安排出現失誤，立即向對方表示誠懇的歉意，並主動承擔責任。他在後續的交流中表現出高度的負責任態度，並積極解決了問題，最終不僅維持了良好的外交關係，還進一步加強了兩國間的信任和合作。

(2) 堂堂正正的態度

道歉不應該有過度的自責或卑微，反而應該自信地承認錯誤，表現出負責任的態度。這樣的道歉會給對方留下良好的印象，並促使對方原諒。

案例：在一次商業合作中，一位企業負責人因為自己的疏忽造成了供應商的損失。當發現錯誤後，他立即與對方進行面對面的會談，坦誠地承認過失並提出彌補方案。他的誠懇和負責任的態度不僅化解了矛盾，還加深了雙方的合作關係。

(3) 及時道歉

如果當場無法道歉，應該在最合適的時機後迅速向對方道歉。道歉應該抓住合適的時機，而不是拖延，這樣才能更好地解決誤會。

案例：一位企業家在公開場合做了一些不當的發言，當即他並未立即道歉，但回到辦公室後，他立即發送了正式的道歉信，並親自致電有關方面表達歉意。這一舉動讓對方感受到他的誠意，最終維持了良好的商業關係。

如何有效地道歉

(1) 道歉要具體、清楚

道歉時，應該具體說明錯誤的原因，而不是簡單地說「對不起」或「抱歉」。具體的道歉能讓對方清楚感受到你的誠意，並且有助於更好地理解錯誤的性質。

(2) 表達自己悔過的誠意

道歉不僅僅是承認錯誤，還要表達出自己深刻悔過的誠意。讓對方看到你改過自新的態度，而不是僅僅說出錯誤。

(3) 提供彌補措施

如果可能，提出改正的措施或彌補方法，讓對方看到你為改善關係所付出的努力。這樣的道歉，能讓對方感受到你的誠意。

什麼時候需要道歉

對小事的不經意冒犯：無論是碰撞還是無心之語，都應該適時道歉，這樣可以避免積累不愉快的情緒。

對重大失誤的承擔：若是因為自己的錯誤對他人造成了較大損失或困擾，應該立即道歉，並提出補救措施。

對情感傷害的修復：無論是無心傷害還是言語上的冒犯，若有情感上的傷害，道歉是重建關係的重要步驟。

道歉的藝術 —— 修復關係與重建信任的關鍵

道歉是一種修復關係、展現責任感的有效方式。真正的道歉應該誠懇、及時、具體，不僅要表達悔過之意，還應提供改正和彌補的方法。掌握道歉的藝術，能夠在社會交往中建立良好的形象，並且增進人際關係的深度與信任。

與人交流時應注意的禁忌

在任何情況下，一切爭辯都應該避免

是否認為與人爭辯能夠證明自己的觀點並取得優勢呢？事實上，爭辯可能會使對方感到不舒服，並破壞雙方的關係。即使對方表面上屈服，內心仍可能對你產生反感，這樣不僅無法獲得對方的支持，還可能失去朋友。真正的成功在於尊重對方的觀點，這樣能夠建立更好的關係，並且讓自己所主張的觀點更容易被接受。理性交流而非爭辯，能讓你達成目標，同時也不會傷害彼此的尊嚴。

用質問式的語氣來談話，是最易傷感情的

許多人誤以為用質問的語氣可以表達自己的觀點，但實際上，這會讓對方感到被挑戰或被指責。這樣的語氣常常引發對方的防備心，破壞對話的氛圍，甚至會傷害彼此的感情。尤其在親密關係中，過度的質問會使對方感到不被尊重，甚至讓人情感疏遠。尊重他人，使用更為柔和、開放的語氣來表達不同的看法，這樣才能促進有效的交流，而不傷害對方的自尊。

對方談話不妥時，要公正的批評和讚揚

當對方的言論有誤時，適當的指正是必要的，但同時也應該對他正確的部分給予讚揚。這樣可以讓對方感受到公平，並且更容易接受你的

觀點。對於一些無法改正的錯誤，應該以懇切的態度提供建議，而非強硬批評。採取請教式的語氣，尊重對方的意見，並幫助其改進，這樣可以維護雙方的尊嚴，達成更為和諧的交流。

千萬不要故意地與人為難

有些人喜歡與他人故意對立，這不僅讓交流變得緊張，還會讓自己顯得不真誠。無論是在討論中故意表現出不同意見，還是單純為了表達口才而挑起爭論，這些做法都會讓他人感到不悅。真正的口才應該是幫助你與他人建立良好的關係，而不是用來炫耀自己或為了顯示優越而攻擊他人。謙遜和包容才能使交流更加順暢，讓對方願意與你建立長久的關係。

對於你不知道的事情，不要冒充內行

在交流中，如果對某個話題並不熟悉，最好的做法是坦白承認，而不是裝作了解。假裝懂行不僅會讓自己顯得不真誠，還可能因為錯誤的資訊導致尷尬的局面。承認自己在某些領域的無知並不丟臉，反而會讓你顯得更真實，這樣更能獲得他人的尊重。在交流中，真誠的態度往往比強行裝作懂得更多的知識更有價值。

別對陌生人談論你的個人生活

初次見面時，過度談論自己的私生活，無論是成就、財富還是家庭，可能會讓對方感到不適。這樣的談話方式往往會讓人覺得你過於自戀，甚至不夠尊重對方。與其過分炫耀，不如選擇談論共同的興趣或當

下的話題,這樣不僅能使對話更加輕鬆愉快,還能讓對方感覺到你真正關心他人,而非只關心自己的生活。避免過多訴苦或抱怨,這樣能讓交流更具正面效果。

有效溝通,建立和諧人際關係

在人際交往中,良好的交流技巧是建立穩固關係、增進相互理解的關鍵。無論是避免爭辯、尊重他人、還是以誠懇的態度表達意見,都能促進更加和諧的對話氛圍。交流不僅是傳遞資訊,更是情感的交流和思想的碰撞。了解與他人交流的禁忌,尊重每一位交談者的感受,並靈活應對各種情境,才能使自己在人際交往中脫穎而出,收獲更多的尊重與信任。

掌握這些原則,無論在工作、生活還是其他社交場合,都能讓你更自信地表達自己,建立起真誠、和諧的人際關係。誠實、謙遜、尊重他人,這些不僅是交流中的技巧,更是生活中最寶貴的特質。

第四章 社交口才：如何在社交場合中遊刃有餘

當你說不下去時該怎麼辦？

在日常交流中，遇到話題停滯、卡殼的情況並不罕見。這通常是因為話題無法繼續展開所導致的。當你發現自己或對方無法繼續對話時，可以採用以下方法來緩解情況，促使對話繼續進行。

激勵法

當對方有說話的熱情，並且已經開始展開有建設性的對話時，你可以鼓勵對方進一步說明或討論。這不僅能讓對方繼續說下去，也能讓對話更加豐富。例如：

- 讓對方補充更多的細節或觀點；
- 提問引導對方進一步闡述；
- 適當插話，分享自己的經歷或觀點來支持對方的說法；
- 用正面的語言回應，保持目光接觸和正向的肢體語言。

這些方法能讓交談更加自然，讓雙方的觀點能夠深入探討。

誘導法

如果對方談話過於簡略或開始陷入沉默，可以透過適當的問題來引導對方繼續發言。這樣不僅能讓對方感覺到你的關注，還能激發對方的思考，從而讓話題展開。例如：

■ 「你剛才提到的這點很有意思，我們來深入談談這個問題。」
■ 「那麼，這種情況的根本原因到底是什麼呢？」

這些問題有助於深化對話，讓對方思考，並且能引導出更多的話題。

補充法

如果發現對方的話題未能全面闡述，或是有些關鍵點尚未提及，這時可以巧妙地補充相關資訊來拓展話題。但需要注意的是，不要刻意為了顯示自己高明而去補充無關緊要的內容。正確的補充方式是基於對方談話內容的延伸，以便讓話題更加完整和深入。

舉例法

有時候，單靠抽象的語言來表達觀點是難以引起共鳴的。透過舉具體例子來支持自己的觀點，可以使整個對話更具說服力和吸引力。舉例能幫助聽者更容易理解，並且能夠加深話題的深度。例如：

■ 在支持某一觀點時，透過具體的實例來證明；
■ 當對方提出某種觀點時，可以用例子來對比或反駁

這樣不僅能增加話題的豐富性，還能激發對方的討論熱情。

無論是用激勵法、誘導法、補充法還是舉例法，最重要的是保持積極參與和尊重對方的立場。這樣才能讓交談順利進行，避免話題陷入僵局。在實際交談中，靈活運用這些方法能夠促使話題深入，讓對話變得更加有趣和富有成效。

如何開始話題：與人交流的技巧

在社交場合中，許多時候人們會遇到一大群人坐在一起，但卻沒有什麼話題可以開始，這往往讓整個場面顯得相當尷尬。此時，正是你展示自己交際能力的機會。開場白在談話中起著至關重要的作用，若能用巧妙的開場語引發對話，將有助於讓交流進入正軌，並且令談話氛圍變得輕鬆和愉快。

開場白要讓對方接得下去

成功的交談不僅是單向表達，還需要讓對方能夠參與進來。若開場白過於冗長或無趣，對方很可能無法輕易接下去，這樣會讓對話陷入僵局。因此，開場白應簡潔明瞭，並且要根據當時的氣氛、與對方的關係以及你的談話目的來選擇合適的主題。你可以根據對方的專長或興趣來切入，這樣會讓對方更容易加入對話。

觀察對方的情緒，掌握說話的時機

當對方以平淡的語氣回答你的問候時，這通常表明他不希望繼續深入交流。相反，若對方表現出興奮或激動，則可以進一步深入話題。學會判斷對方的情緒反應，並根據其情況調整你的話題，這樣可以促進更自然的交流。

問問題引導話題

若你不熟悉他們的談話內容，最好的方法是提問，這樣可以引發對方的分享並且展示你對他們的興趣。問問題能幫助你進一步了解對方的觀點，也能使對方感受到被尊重和重視。避免對這些話題表達負面意見，這樣會有助於讓對話保持順暢。

善用閒聊，引入正題

如果你加入了一個談話圈子，但發現話題已經有些枯竭，這時候可以使用適當的技巧將話題從閒聊引入正題。觀察大家的反應，若有人開始顯得不耐煩或不感興趣，則應轉換話題。在交流中，每個話題的時長要根據其價值和與談者的興趣來調整。過長或過短的話題都可能使對話失去趣味，定時更換話題能保持對話的生動性。

提出新觀點，避免成為應聲蟲

在交談過程中，如果對方提出一個觀點，即使你同意，也應該提供額外的觀點或資料來支持或拓展對話。這樣不僅讓對話更豐富，也能顯示出你積極參與討論的態度，而不是單純的附和。這樣的交流能激發更深層次的討論，並且讓對話充滿活力。

給人驚喜，調整談話節奏

在長時間的交流中，偶爾的情感波動或語調變化能夠吸引對方的注意，保持談話的活躍度。試著根據場合和對方的反應，適時提高或降低語調，或改變語速，這些微妙的變化可以讓談話更加吸引人。

第四章　社交口才：如何在社交場合中遊刃有餘

精緻的開場，激發持久交流

　　開場白在一場交流中扮演著至關重要的角色，透過巧妙的開場，觀察對方情緒並適時引入話題，可以避免尷尬並提升整體談話的氛圍。問問題、提供新觀點、適當改變語速和語調，這些技巧能夠讓交流持久且具有深度。最終，與他人的交流應該是相互尊重和真誠的，掌握這些技巧會讓你在人際交往中更具吸引力，並且能建立更加和諧的關係。

如何正確地插言：避免尷尬的技巧

在交際過程中，適時插言可以促進對話並增進人際關係，但若不加注意，也容易引起尷尬或不悅。為了避免這些情況，了解如何正確地插入話題至關重要。以下是一些插言時需要注意的要點：

避免「強迫推銷」

在對話中，插話的時機和方式至關重要。如果對方顯示出對某個話題不感興趣，或者情緒不佳，強行插話或轉話題只會讓對方感到被迫接受，這種情況下即使你的出發點是好意，也會讓對方感到不悅。尊重他人的情緒和選擇是避免不適插話的關鍵。

不要對無傷大雅的玩笑話反應過度

有時候，對方可能會開一些輕鬆的玩笑，這些玩笑並無惡意，只是增添氣氛。對此，過度的反應會讓人感到不自然或尷尬。適當的回應可以顯示你的幽默感和對對話的融入，而過度反應則會讓談話氛圍變得不輕鬆。

避免問過於不著邊際的問題

提問是交流中的常見方式，但問題如果過於空泛或無關痛癢，會讓對方感到困惑或不耐煩。例如：問「應該如何對付貧窮」這樣的問題，可能讓對方無從回答。若你想更有效地交流，提出具體且能激發討論的問題是更合適的方式。

第四章　社交口才：如何在社交場合中遊刃有餘

不要插入別人的機密談話

在聚會或會議中，有時會有私密或敏感的話題討論，這時若你插入對話，可能會讓對方感到不悅，甚至覺得被侵犯了隱私。若無意中進入這類話題，應該立即道歉並退出，不要繼續干涉。

知道應該避免哪些話題

某些話題如宗教、種族、政治或其他敏感問題容易引發爭議或不愉快的情緒，這些話題最好避免在不熟悉的場合或不確定對方立場的情況下提起。保持話題輕鬆愉快，避免陷入敏感區域。

如果你對答案沒有興趣就不要提出問題

提出問題應該是為了尋求更多的了解，如果你問的問題只是為了填補空白，對方會很快察覺，這會讓對話顯得不真誠。例如：問「你最近讀了哪些書」但並不感興趣，會讓對方覺得被應付，從而產生不舒服的感覺。

避免說些不言自明的話

一些過於陳腐或顯而易見的話語往往難以引發對方的回應。像是「時代不同了」這類話題，幾乎每個人都知道，因此不會有什麼實質的反響。盡量選擇有新意或能夠激發對方思考的話題來引導談話。

對自己不懂的話題應保持沉默

在與他人討論專業或自己不熟悉的話題時,若無法提供有價值的見解,最好保持沉默。插入過多不懂的內容不僅會顯得不專業,還會引發尷尬。如果對方談論的是你不感興趣的話題,也可以選擇悄悄轉移注意力,而不需要強行參與。

在說錯後找尋補救之道

如果在交談中說錯話或不小心冒犯到對方,及時承認並輕鬆化解是關鍵。幽默地自嘲,或者暫時停下來再換個話題,都能有效緩解尷尬,避免情況進一步惡化。

適時插言,促進和諧交流

在交流中,插言的技巧十分重要。合理插入話題可以促進對話並拉近彼此距離,而不當的插話則可能破壞談話氣氛或讓對方感到不悅。掌握適當的時機、提問技巧以及對敏感話題的敏感度,能夠幫助你在交流中更好地表達自己,也能增進人際關係的和諧。

第四章　社交口才：如何在社交場合中遊刃有餘

如何學會說些善意的謊言

在日常生活中，誠實固然重要，但也不乏有時候我們會需要用一些「善意的謊言」來緩解某些情境，保護他人或是維護和諧的關係。這些謊言不一定是負面的，它們往往出於善意，目的是為了使他人感到舒適或避免不必要的傷害。以下是幾種常見的善意謊言類型。

善意的「謊話」

這種謊言通常出於對他人情感的保護。例如：當我們面對一位癌症患者時，可能會為了減少他的心理壓力而避免告訴他真相，從而避免病情的惡化。同樣地，對於孩子生病時，父母可能會告訴他藥物並不苦，以便讓孩子順利服用藥物。這些謊言是為了保護對方的心理，讓他們不受到過多的打擊或焦慮，幫助他們保持樂觀的態度。這樣的謊言是一種出於善意的愛心，能夠讓人感受到關懷。

應急的「謊話」

在一些社交場合中，我們可能會面臨無法回絕的邀請，或者處於進退兩難的境地。這時，為了避免直接拒絕或傷害對方的感情，我們可能會撒些小謊。例如：當朋友邀請你一起參加聚會時，你可能會說：「我已經有安排了，今天不行。」雖然你可能其實只是不想參加，但這樣的謊言讓你能夠巧妙地避免了尷尬，且不會讓朋友感到被拒絕。

調侃的「謊話」

在一些輕鬆的對話中，我們有時會故意誇大某些事物或編造一些未曾發生過的故事，以增添談話的趣味性。這樣的謊言往往不具有惡意，而是為了活躍氣氛、引起笑聲。例如：有人可能會誇張描述自己某次出遊的經歷，或者在朋友面前用幽默的方式編造一個虛構的情節。這類謊言雖不真實，但能夠達到提升談話氛圍的目的，讓大家感到放鬆和愉快。

社交的「謊話」

社交場合中，謊言往往充當著潤滑劑的角色。當客人無意中打破物品時，我們可能會說：「沒關係，這個杯子我早就想換了。」雖然心裡可能覺得有些遺憾，但這樣的謊言能夠減輕客人的壓力，讓他們不必為小事而感到內疚。在某些情況下，主人可能會表現出非常高興，即使他其實感到疲憊或需要休息。這樣的謊言是出於禮貌，讓客人感覺賓至如歸，不會覺得自己打擾了主人。

善意謊言的使用應具謹慎

善意的謊言並非總是壞事，當它能夠保護他人的情感，避免不必要的衝突，或是讓交流變得更加順利時，它能夠成為一種有益的社交工具。然而，使用這些謊言時，我們必須保持真誠，謊言應該是自然、可信的，避免誇大或過於頻繁地使用。唯有在合適的場合和適當的情境下，善意的謊言才能達到它的最佳效果，並且不會讓人覺得你虛偽。

如何正確地讚美他人

讚美是一種強有力的溝通工具，能夠建立正面的人際關係，激勵他人，並且帶來良好的社交效果。然而，讚美也有其藝術，過度的讚美或不恰當的讚美可能會適得其反。為了讓讚美發揮最大的效果，我們需要注意一些關鍵的要點。

實事求是，措詞恰當

在讚美他人時，首先要確保讚美的內容是真實的，基於事實。過於誇張的讚美可能會讓對方感到不真誠，甚至讓旁人產生懷疑。比如：對一位學生說：「你們都是好孩子，學習很認真，我為能做你們的老師而感到高興。」這樣的讚美既具體又不過分誇大，有助於激勵學生，但若說：「你們比其他班的同學都聰明得多，將來一定會大有成就」，這樣的誇張讚美可能會使學生感到壓力，甚至引起不必要的競爭。

讚美要具體、深入、細緻

抽象的讚美通常不容易讓人留下深刻印象。相比「你真不錯」，更具體的讚美會讓對方感到自己被真誠地理解。例如：稱讚一位推銷員：「你總是準時完成每個訂單，這是非常值得欽佩的。」這不僅讓對方感受到被尊重，還能強調其具體的優點，從而鼓勵他繼續發揮這些優點。

如何正確地讚美他人

讚美須熱情

對於別人的優點或成就表現出真誠的熱情，能夠讓讚美的效果加倍。如果讚美顯得冷漠或敷衍，會讓對方覺得你不在乎或不真誠。例如：對他人說：「你這條圍巾挺漂亮的，顏色搭配得真好看」要比說「你這條圍巾真漂亮」來得有感染力。熱情的讚美讓對方感受到你的關心，會促進彼此之間的關係。

讚美多用於鼓勵，鼓勵能讓人樹立自信心

讚美的作用之一就是鼓勵對方，特別是在他們第一次嘗試新事物或面臨挑戰時。即便他們的表現不完美，但一個真誠的讚美能夠激勵他們繼續努力。比如對第一次唱歌的人說：「你唱得很好，已經比我第一次唱得強多了。」這樣的讚美不僅讓對方感受到成就感，還能激勵他們進一步進步。

借用第三者的口吻讚美他人

有時候，將讚美換成「第三者」的口吻來表達，比直接的讚美更容易被接受。比如：「難怪小李總是誇你做得好，今天見識到你這麼棒，真的是佩服。」這樣的方式能讓對方感到讚美更真誠，並減少被認為是奉承的嫌疑。第三者的視角常常讓人覺得更客觀，也更容易增加對方的信任。

讚美要注意適度

讚美雖然是一種正面的表達，但過度的讚美或無意識的奉承會讓人感到不適。適度的讚美能讓對方感到欣慰，但過多或過於誇張的讚美會

第四章　社交口才：如何在社交場合中遊刃有餘

引起反感，甚至讓人覺得你不真誠。學會根據情境、對象和時間掌握讚美的「度」，這樣才能達到最佳的效果。

結論：讚美的藝術需要謹慎和真誠

讚美不僅僅是對他人優點的肯定，也是促進人際關係和激勵他人的一種方式。然而，正確的讚美需要謹慎選擇措辭、根據情境和對象調整方式，並保持真誠的態度。只有在適當的時機，針對對方真實的優點進行具體、真誠的讚美，才能讓你的讚美發揮最大的效果，增進雙方的情感連結。

如何正確地引薦和介紹朋友

在社交場合中,正確地介紹朋友對於建立新的人際關係具有重要作用。不僅能促進友誼,還能拓展業務連繫,幫助自己建立良好的社交網絡。以下是一些關於如何有效介紹朋友的要點,幫助你在社交場合中遊刃有餘。

提前提到名字表示尊重

在介紹他人時,首先要提及對方的名字,這樣能給對方帶來尊重的感覺。當介紹時,名字應當是重點,這不僅是基本禮儀,還能讓被介紹的人感到被重視。

性別、年齡、地位的介紹順序

當涉及到男女介紹時,通常是先介紹男性給女性,這是基於尊重的文化傳統。然而,如果男性年齡遠大於女性,則應將女性介紹給年長者。當介紹的兩者性別相同且年齡、地位相當時,則一般先介紹未婚者給已婚者,除非未婚者年紀較大。

此外,如果在場有地位較高的人,應先將其他人介紹給該地位較高的人,以表尊敬。

第四章　社交口才：如何在社交場合中遊刃有餘

握手和寒暄

當兩位被介紹的人相互見面時，通常是後被介紹的人先伸出手來握手。在握手後，可以進行一些簡短的寒暄，比如對對方的工作或近期的狀況表達興趣，這有助於打破尷尬，促進交談。

介紹的形式：正式介紹與非正式介紹

介紹可以分為正式介紹、非正式介紹和自我介紹三種類型。正式介紹通常發生在正式場合，應該簡潔且得體。例如：使用「請允許我向您介紹……」等語句，並且介紹後不應立刻離開，以避免對方感到尷尬。

非正式介紹則通常發生在輕鬆的場合，這時語言可以更加隨意。比如：「這位是我的朋友某某，他／她來自……」這樣的介紹方式更輕鬆自然。

自我介紹則常用於需要自己打破沉默的場合，尤其是在主人無法介紹或忘記介紹的情況下。進行自我介紹時，應簡明扼要地表明身分，並可以適當詢問對方的姓名或背景，這有助於拉近雙方距離。

避免誇大或過度讚揚

在介紹他人時，過度的讚揚可能會讓被介紹者感到不自在。尤其是在介紹的時候，如果對方並未顯示出相關的優點或成就，避免不合時宜的誇讚，以免讓對方感到尷尬。保持介紹的簡潔和真實性，會讓對方更加舒適。

提供共同點

在介紹的時候,如果能夠指出被介紹者之間的某些共同點,會大大增加他們之間的話題性和交談的流暢度。例如:介紹兩個來自相同領域的專業人士時,可以提及他們的工作領域或過去的合作經歷,這樣更容易引導他們進行有意義的對話。

介紹後的停留和引導

在介紹過後,應該稍微停留片刻,讓被介紹的兩人有時間開始對話。如果他們沒有立即開口,介紹人可以輕輕引導,提出一些話題來促進交流。當他們開始交談後,再藉故離開,以避免給他們帶來不必要的壓力。

介紹是促進社交關係的橋梁

無論是正式場合還是非正式場合,介紹朋友都是促進人際關係的重要手段。正確的介紹不僅能讓對方感到被尊重,還能幫助自己在社交圈中建立起更好的人脈。掌握了正確的介紹方法,能使交往變得更加順利和愉快,為未來的合作和友誼奠定基礎。

第四章　社交口才：如何在社交場合中遊刃有餘

打電話應注意的禮儀

在日常生活中，電話溝通已成為我們工作和生活的一部分。無論是工作電話還是私人電話，保持良好的電話禮儀有助於建立專業的形象，並促進順暢的溝通。以下是打電話時應注意的幾個要點，幫助你在電話溝通中更得體且高效。

打電話時要簡短，聲音要柔和

在撥打電話時，應保持簡潔明了，避免浪費對方時間。聲音應該柔和且清晰，傳達你的訊息時不需要太過強硬，這樣更能讓對方願意聽你講話。適當的語氣和節奏也能讓通話變得更加流暢，避免對方感到壓力。

注意周圍的噪音

打電話時應選擇一個安靜的環境，避免周圍的嘈雜聲干擾通話。例如：電話鈴聲、旁人的交談或吃東西的聲音等都會讓對方分心，影響通話品質。在進行重要對話時，最好選擇一個不受干擾的場所。

撥錯電話時要禮貌道歉

如果你撥錯了電話，不要急著掛掉。應該先對對方道歉並表達歉意：「非常抱歉，我打錯電話了，請不要見怪。」這樣能讓對方感到你的誠意，避免對方心生反感。

順利撥打電話時，應確認時間是否合適

在撥打電話前，應確認對方現在是否方便接聽。特別是在工作時間，對方可能正忙於其他事務，所以打電話前問一句「現在方便接電話嗎？」顯得格外體貼。如果對方表示不方便，你可以另約時間再聯絡。

保持注意力集中

當你接聽電話時，應集中注意力聽對方講話，不要同時做其他事情，如翻閱報告或與其他人交談。這樣可以保證你對談話內容的理解和反應更加清晰，避免對方感到被忽視或不受重視。

國內外通話的費用問題

打長途電話，尤其是跨省或跨國時，要注意通話費用問題。如果需要請對方回電話，應事先確認通話費用是由誰支付，避免造成不必要的困擾。例如：打長途電話請求協助時，最好向對方表明由自己負責費用。

處理無趣來電時保持禮貌

在接到推銷電話或其他無關緊要的來電時，應保持禮貌，避免直接斥責。你可以簡單地表達感謝對方的來電並禮貌地結束通話，這樣不僅能讓對方感到尊重，也能為自己營造良好的形象。

電話溝通中的禮儀是建立良好關係的基石

在現代社會中,電話溝通是不可或缺的一部分。無論是工作還是日常生活中,正確的電話禮儀能夠有效促進交流,幫助建立長久且和諧的關係。記住在通話中保持禮貌、注意語氣、尊重對方的時間和情緒,這些細節都能展現出你的專業素養和良好的溝通能力。

如何向別人表示祝賀

　　祝賀是一種表達良好願望與支持的常見交際方式。無論是在私人生活還是工作場合，對他人進行祝賀都能促進友誼與情感連繫，並傳遞積極的情緒與鼓勵。了解如何有效地向他人表示祝賀，能讓我們在人際交往中更加得體，並增進彼此的理解和感情。

情景性祝賀要考慮到特定的環境、對象和目的

　　祝賀應根據具體的情景來進行，考慮到所處的環境、對方的需求以及目的，使祝賀語具有針對性和時效性。不同場合下的祝賀詞會有所不同，無論是慶祝工作成就還是私人生活中的喜悅，恰當的祝賀語能讓對方感受到你的真誠與關心。

情感性祝賀語要富有感情色彩

　　祝賀語的核心在於表達情感，這樣才能達到鼓勵和激勵的效果。語言需要富有感情色彩，語氣、語調和表情等方面都應該傳達出誠摯的情感。這樣的祝賀語能夠激發對方的正向情緒，並增強彼此的情感連繫。

簡括性祝賀詞要明快熱情、簡潔有力

　　簡潔而有力的祝賀語能夠達到最佳效果。祝賀詞不必長篇大論，而是要快速而有力地表達祝福，避免過多的旁徵博引。用清晰簡潔的

第四章　社交口才：如何在社交場合中遊刃有餘

語言傳遞祝福，可以讓聽者感受到你的真誠和熱情，並迅速把氣氛帶入高潮。

禮節性祝賀詞要格外注意禮節

在正式的場合，祝賀語的禮儀尤為重要。在發表祝賀詞時，要保持適當的姿態，避免隨意。禮節性的祝賀語通常要求站立發言，並且要注意稱呼的恰當性。同時，與聽眾的眼神交流和微笑也是增強祝賀效果的關鍵。舉例如宴會中的祝酒詞，主人應站起來發表祝酒詞，內容包括感謝來賓、闡明宴請的目的，並以幽默而又得體的方式祝願未來的美好。

祝賀的實例：祝酒與賀婚

祝酒詞：在宴會中，祝酒是表達祝賀的一個重要形式。在發表祝酒詞時，通常會先感謝來賓的光臨，簡單闡述宴會的目的，並對未來表達良好的祝願。詞語要簡潔並具有幽默感，讓聽眾感到輕鬆愉快。祝酒後，應輕輕碰杯，並乾杯，這樣能夠激發大家的興致與互動。

賀婚詞：在婚禮上，賀婚詞是一種表達對新郎新娘祝福的重要方式。賀婚詞的內容一般包括對新人的愛情讚美、祝願他們未來的幸福，以及介紹一些有趣的故事。語言應簡潔優美，富有激情，能夠讓新人感受到賓客的真誠祝福。婚禮上，賓客祝賀後，新郎新娘通常會做答謝講話，這樣可以加深彼此的情感連繫。

祝賀語的藝術與禮儀

　　祝賀語是一種非常強大的社交工具，它能夠促進人際關係的發展，增進友誼與合作。在發表祝賀語時，理解場景、保持真誠和適當的禮節，能讓祝賀更具影響力並收到預期效果。無論是簡單的祝福還是正式的賀詞，正確的祝賀方式能讓對方感受到你的關心與支持，並為未來的交流奠定良好的基礎。

第四章　社交口才：如何在社交場合中遊刃有餘

記住他人的名字

在人際交往中，記住他人的名字是建立關係的一個重要技巧。名字對每個人來說，都是最具個人意義和情感的標誌。當一個並不熟悉的人能夠叫出你的名字，會讓你感到親切與被重視，相反，當對方無法記住你的名字，會讓你感到被忽視和疏遠。這樣的小細節，往往能大大影響彼此之間的關係。

記住名字的心理效應

心理學家指出，在人們的心目中，自己的名字是最美好、最動聽的。當我們被稱呼自己的名字時，會感到自信和舒適。因此，無論是在社交場合還是在工作中，能夠記住並使用對方的名字，能幫助我們建立更親近的關係，增強情感連繫，並使對方感到被尊重與關注。

例子：羅斯福的成功技巧

美國前總統羅斯福曾在一次宴會中，為了拉近與賓客的距離，他主動向熟悉的記者打聽在場賓客的姓名和背景，並在適當時機以名字稱呼每一位賓客。這樣的舉動不僅讓賓客們感受到親切，也增加了他們對羅斯福的好感，最終他們成為了他的支持者。這個例子充分證明了名字在社交場合中的重要性，以及它在建立人際關係中的作用。

為何記住名字這麼重要？

　　記住對方的名字不僅是一種基本的禮貌，還能加強與他人的情感連繫。在與人交流時，當你能夠自然地提到對方的名字，對方會感受到你對他／她的重視與尊重。這種舉動不僅能讓對方對你產生好感，還能使雙方的交流變得更加順暢和愉快。若你記得對方的名字，對方也會覺得自己在你心中有一定的分量，這對建立友誼或合作關係具有重要作用。

會帶來的好處

　　提升親切感：每當你能夠正確叫出對方的名字，會讓對方感覺像是老朋友重逢，這樣的氛圍能促進合作與理解。

　　提升影響力：在商務談判或社交場合中，能夠記住對方的名字並使用，會讓你顯得更加專業和親切，對建立長期合作有著正向的作用。

　　增加信任感：名字是最具個人意義的標識，當你能稱呼對方的名字時，這能讓對方對你產生更高的信任感，並願意進一步開展交流。

記住名字的小技巧

　　積極聆聽：與對方交談時，注意聽對方自我介紹時的名字，並在談話中適時地使用。

　　重複名字：在交談中可以自然地重複對方的名字，這不僅幫助你記住對方的名字，還能讓對方感受到你的關注。

　　連繫聯想法：可以將對方的名字與一些容易記住的事物或特徵連繫起來，這樣有助於記憶。

第四章　社交口才：如何在社交場合中遊刃有餘

用名字開場：每次見到對方時，嘗試用對方的名字開啟對話，這不僅能幫助你記住對方的名字，也能讓對方感到親切。

名字是人際交往的關鍵

記住他人的名字是一項簡單而強大的交際技巧，它能顯示你對他人的關心與尊重，並能幫助建立更加緊密的關係。在商業、社交及私人生活中，能夠正確地使用對方的名字，不僅能提升你在他人心中的形象，還能促進交流與合作。這不僅是禮貌，更是一種智慧，能為你的人際網路鋪設更堅實的基礎。

如何應付喋喋不休的人

在日常交往中，我們常常會遇到那些話多得令人難以忍受的人。他們或許不顧及你的時間，或完全無視你的感受，甚至在你明顯顯露出不耐煩時，仍然繼續說個不停。這種情況下，學會應對這些「喋喋不休」的人非常重要，以下是一些方法來應對他們：

以婉言代直露

有時，婉轉的提示比直白的拒絕更容易讓對方接受。例如：當對方開始長時間喋喋不休時，你可以用比較輕鬆且帶有暗示的語氣說：「我今天還有一些急事需要處理，真希望能再聽你講更多的故事，但我得走了。」這樣的語氣既表達了你的立場，又能避免直接的衝突，讓對方容易理解你的情況。

以字幅代言表

如果對方對暗示並不敏感，這時可以選擇用字幅或標語來暗示對方。比如在家裡貼上一些鼓勵專注或珍惜時間的格言，這樣當對方進門時，他看到這些語句就能感受到氛圍的不同，從而減少喋喋不休的情況。

以熱情代冷漠

有時候，你的過分熱情反而能讓對方停止話題。當對方進門時，你可以熱情招待，並在忙碌中將對話帶走。給對方倒茶、提供零食等，讓

他感受到過多的注意和周到，這種方法雖看似是迎合，實際上是巧妙的讓對方感覺不自在，從而停止過多的對話。

以進攻代防守

如果你能預見到對方很快就會來打擾你，你可以主動出擊，早一步送他一個看似有趣的雜誌或書，並告訴他你很忙，這樣既能顯示你對他有所關心，又能讓他感受到自己被「排除」在外，從而避免進一步的交談。

以疏導代堵塞

有些人喋喋不休的原因是缺乏目標或方向，因此，你可以提供一個清晰的方向，讓他們集中精力去做一些有意義的事情。比如建議他們參與某個活動，或提供一個具體的問題，這樣他們就能將注意力從無意義的閒聊中轉移到有建設性的話題上。

如何應對咄咄逼人的人

在與一些咄咄逼人的人交往時，你可能會感覺到被他們的態度所壓迫。這些人往往對自己很有信心，言語直指要害，目的就是要讓你陷入困境。對此，適當的反擊是必要的，以下是幾種常見的應對策略：

後發制人

對於那些一開始就發起攻擊的人，不妨先保持冷靜，等待對方露出破綻。當對方表現出無法自圓其說的時候，這時候反擊會更加有效。這一策略常常是最有力的反擊，因為你已經洞察了對方的弱點，準備好強有力的回應。

針鋒相對

當你發現對方過於強勢時，不妨選擇直接與他對話，用同樣的方式回擊。強烈的回應可以迫使對方停止攻擊，並讓他感受到你的決心與底氣。這種方式雖然強硬，但可以在必要時捍衛自己的立場。

裝作退卻，設計陷阱

如果對方的問題你無法回答或不希望回應，可以裝作退卻，讓對方自信心滿滿地進行進攻，然後設計陷阱讓他完全陷入其中。等到對方完全暴露其弱點時，再進行反擊。

第四章　社交口才：如何在社交場合中遊刃有餘

抓住一點，絲毫不讓

當對方進行連番攻擊時，抓住一個小漏洞不放，這可以讓你在對方無法再繼續進行攻擊時，迅速將話題引導到有利於自己的方向。即使是一點微不足道的反駁，也能使你在談話中占據主導地位。

胡攪蠻纏

當你被逼到死角，無法作出有效回應時，可以選擇以胡攪蠻纏的方式拖延時間。這是一種不得已的策略，利用無關緊要的問題混淆視聽，從而給自己爭取時間，並尋找更好的反擊機會。

如何與寡言者交流

在與那些不善言辭、寡言少語的人交談時，可能會發現自己很難得到足夠的回應。這些人往往缺乏表達的動力，但若掌握了合適的技巧，能夠激發他們開口。以下是幾個方法：

真誠的讚揚加適當的提問

透過真誠的讚美激發對方的說話欲望。讚美他們的專業知識或成就，然後提出一個簡單的問題，讓他們詳細解答。這樣既能讓他們感到被尊重，也能激發他們的表達欲望。

直截了當的提問

對於寡言少語的人，直截了當的問題能夠有效引導他們開口。提出簡單而具體的問題，可以讓對方集中回答，而不會讓他們感到壓力過大。

用有趣的話題引發議論

用容易引發爭議或討論的話題作為引導，這樣可以吸引他們的注意力，並激發他們的討論欲望。討論一些有爭議的問題或挑戰他們的觀點，通常能讓他們變得更加活躍。

不要打斷對方的話

當對方開始開口時，保持耐心，不要急於插話。讓他們有足夠的空間來表達自己的想法，這樣可以鼓勵他們繼續說下去。

作出適當回饋

給予積極的回應，讓對方知道他們的話語被重視。可以透過點頭、微笑等非語言的方式表達你的關注和支持，這能促使對方更願意繼續交談。

掌握有效的交流技巧

面對各種不同的交流困境，無論是與饒舌者、咄咄逼人的人還是寡言者交流，掌握有效的應對策略都至關重要。善於聆聽、適時反擊和尊重他人的交流方式，不僅能幫助我們在社交場合中保持良好的形象，還能促進更加和諧的關係。透過適應不同的人和情境，我們可以讓每一次交流都更加順利和高效。

讚美人的藝術

讚美是促進人際關係和建立信任的強大工具。每個人都渴望被讚美，哪怕是一句簡單的讚揚也能激發人們的信心，推動他們前行。無論是私下或是公共場合，懂得如何真誠地讚美他人，可以為自己創造更多的社交機會，也能促進人際關係的和諧。

讚美需真誠

對他人的讚美必須發自內心，只有真誠的讚美才能打動人心。無論是在工作中表現出色的同事，還是日常生活中做得好的家人，真誠的讚美會讓他們感受到被重視與感激，從而激發他們更大的熱情與努力。

注意讚美的時機

適時的讚美往往能產生意想不到的效果。比如：在別人努力工作後，給予及時的讚揚會讓他們感覺到自己的努力得到了認可。而如果不適當的時候過度讚美，反而會顯得不真誠或令人不適。

讚美具體而非空泛

具體而有針對性的讚美比空泛的讚美更能產生影響。譬如，對某個人做了特別的貢獻或表現突出時，具體地表揚他們的某項技能或成就，而不是簡單地說「你做得很好」。這樣的讚美能夠讓對方感到自己真正在某方面取得了優異的成果。

第四章　社交口才：如何在社交場合中遊刃有餘

讚美應該有分寸

讚美有其限度，過度的恭維可能會引起對方的反感。過度讚美可能讓人感到虛假或不真誠，因此保持適度的讚美是很重要的。讚美應該真誠且恰到好處，這樣才能讓人感到舒適並產生正向的影響。

遇誤解如何「解」誤

　　誤解是人際交往中常見的問題，理解對方並及時澄清誤會，對於維持和諧的關係至關重要。誤解可能源於溝通不暢、資訊缺失或情緒化反應，但解決誤解的關鍵在於採取正向的態度來面對問題。

保持冷靜，誠懇解釋

　　遇到誤解時，首先保持冷靜是非常重要的。不要急於爭辯或發火，而是應該心平氣和地解釋自己的立場，向對方說明真相。採取誠懇的態度能夠有效化解誤解，並有助於對方理解你的立場。

自我反思，找出原因

　　在面對誤解時，首先要檢討自己的言行。看看是否有言語不當或行為不妥，導致對方產生誤解。如果發現自己有責任，應該主動承認並向對方解釋清楚。這樣能夠減少誤解的誤會，並使對方對你產生更多的信任。

給予時間，避免過度反應

　　對於一些誤解，時間是解決問題的良藥。有時候，誤解可能並非立刻可以解決的，應該讓事情有時間慢慢平息。過度反應或急於解釋反而會讓誤會加深。

第四章　社交口才：如何在社交場合中遊刃有餘

確保透明和公開

誤解常常來自於缺乏透明和公開的資訊交流。因此，在面對誤解時，要保持資訊的透明，讓對方了解事實的真相。這不僅能夠消除誤解，還能防止誤解再次發生。

與難纏人的說話藝術

每個人在生活和工作中都會遇到一些難以應對的人。這些人可能會讓你感到沮喪，或在交流中讓你感到困惑。學會與這些人交往，能夠讓你在人際交往中更遊刃有餘。

自私自利型

這種人總是以自我為中心，對他人的需求和感受缺乏關心。在與這類人交往時，應該明確表達自己的立場，既要滿足他們的合理需求，又要委婉地拒絕不合理的要求。透明、公平的處事方式能夠減少他們的不滿。

爭勝逞強型

這種人總是想在對話中勝過你，並且表現得非常自信和強勢。與他們交往時，不必過於動怒或自卑，應該直面挑戰，展現自己的真實才能和立場。平等的對話能夠減少他們的壓迫感，達到合作的目的。

性情暴躁型

這類人容易情緒激動，並且做事衝動。與這類人交往時，要避免直接與其對立，而應該用溫和的方式引導他們，尊重他們的感情，並運用合適的策略幫助他們冷靜下來。

自我防衛型

這些人對他人的評價非常敏感，容易誤解他人的行為或語言。在與這類人交往時，應該更多地展現對他們的尊重和理解，避免過度批評或讓他們感受到壓力，這樣能夠建立更穩固的信任關係。

建立和諧的交往環境

無論是讚美他人、解釋誤解，還是與難纏的人交往，建立一個健康、和諧的交往環境需要我們付出努力。在日常生活中，真誠的讚美、積極的解釋和謹慎的應對能夠幫助我們增進人際關係，讓每次交流都充滿正能量。正如一位智者所言：「處事待人，誠心誠意，方能達到理想的和諧。」

傳達噩耗的說話技巧

在日常生活中，難免會遇到必須向他人傳遞不幸消息的情況。無論是親友的生病、過世，還是突如其來的災難，這些消息往往會帶給對方巨大的衝擊。如何以適當的方式傳遞噩耗，不僅能減少對方的痛苦，還能維護彼此的關係。傳達噩耗時，選擇合適的語言和方法是非常關鍵的，以下介紹幾種有效的技巧。

直言直告法

對於那些性格堅強、能夠面對困境的人，尤其是那些有一定心理準備的情況下，使用直言直告的方式是可以接受的。這種方法適用於那些理性的人，他們對現實有清楚的認知，並且能夠接受悲傷的事實。舉例來說，軍人、領導者等群體，他們常常已經有一定的心理準備，聽到噩耗後，雖然悲痛，卻能堅強地面對。這樣的直接告知方式可以幫助他們更快地接受現實。

委婉暗示法

對於情感較為脆弱、心理承受力較弱的人，則需要更加委婉的表達方式。例如：在告知親人某位家屬因事故喪生時，可以使用語言上的修飾，如「他走了」或「他出遠門了」等，以減少衝擊。這樣的表達方式能讓對方有時間去適應和消化不幸的消息。例如：當老工人的兒子不幸犧牲時，告訴他「他離開了我們」，不直接說明其死亡事實，這樣可以避免立刻帶來過大的情緒波動。

漸次滲透法

有些情況下，直言不諱可能會對當事人造成無法承受的打擊。這時可以採取漸次滲透的方法，逐步透露壞消息，這樣能讓對方慢慢地適應並為接受最終的事實做準備。例如：對於一位體弱的老父親，告訴他兒子出事後，先說他受了傷，然後再慢慢地告訴他情況惡化，最終以告訴他無法挽回的方式，這樣可以減少對方的驚慌和悲痛。

隱瞞自悟法

對於情緒極度脆弱、身心狀況較差的人，有時直接告知事實可能造成難以預料的後果。此時，可以選擇長期迴避真相的方式，讓對方逐漸習慣失去親人的現實，並最終自我領悟。例如：某位婦女的兒子在戰場上犧牲，當時她無法承受如此沉重的打擊，於是有關當局選擇不立即告知她真相，而是透過時間的推移讓她逐步意識到。最終，她在經過幾年後自己領悟了這一事實，並以堅強的態度接受了這個無可避免的現實。

謹慎而真誠地傳達噩耗

無論採取哪種方式，傳達噩耗時，最重要的是保持謹慎與真誠。當面對情感脆弱的人時，務必選擇適合他們承受的方式，讓他們有足夠的時間消化這些消息。合理的表達能夠減少不必要的情緒波動，幫助他們更好地應對困難。雖然面對噩耗時，語言的選擇很重要，但最終還是需要發自內心的理解與同情，這樣才能使他感受到溫暖與支持，減少悲傷的痛苦。

第四章　社交口才：如何在社交場合中遊刃有餘

言語交際中的「兜圈子」技巧

在日常交際中，直言快語的方式是許多人偏愛的溝通方式，因為它表現了誠實和真誠。但有時，直白的語言反而會引起誤解或損害人際關係。這時，使用「兜圈子」的技巧，能夠幫助人們更為巧妙和委婉地傳達資訊，從而達到更理想的交際效果。下面我們將探討這種技巧的實際應用。

顧及情面

有些情況下，我們不得不顧及對方的感受，特別是當我們處於需要維護關係的敏感場合。這時，直接說出自己的需求或想法可能會讓對方感到尷尬。比如：年輕媳婦在看到小姑穿著新衣服時，並沒有直接要求買一件，而是透過誇讚小姑的羊毛衫，間接表達自己的願望。這種做法既達到目的，又不失情面，使溝通更加和諧。

出於禮儀

在公共場合或與長輩、上級交往時，言語的得體非常重要。在這些場合，直言快語可能會讓對方感到不舒服或不尊重。因此，採用兜圈子的方式可以顯得更加謙遜和有禮。例如：教授與學生交談時，為了避免直言打斷談話而顯得不禮貌，他會選擇用委婉的語氣引導學生，這樣既表達了自己的意圖，又保持了對學生的尊重。

直接挑明，對方難以接受

有時候，某些話題如果直接挑明，對方可能會難以接受，甚至引起強烈的反應。在這種情況下，我們可以選擇用兜圈子的方式，從間接的事物或背景出發，逐步引導對方理解。例如：教師透過講述阿姨對他的關懷，逐步引出自己想讓阿姨來城裡治病的話題。這樣不僅避免了直接挑明的衝突，還讓妻子主動接過話題。

當對方情緒波動大時

有時，對方可能處於情緒激動或難以接受的狀態，這時直言不會有太好的效果。相反，透過先以較為輕鬆的語氣開始，逐步進入正題，可以降低對方的防備心。例如：在告知某人失去親人的消息時，逐步從事實的背景入手，這樣能夠減少消息的突然性，給對方一些時間來消化和接受事實。

兜圈子的應用技巧

因果法

這是一種從事實或原因出發，慢慢引導對方接受結論的方法。例如：當需要討論某個問題的決策時，可以先介紹相關的背景和原因，再提出建議或解決方案。這種方法通常能讓對方更容易接受。

推論法

從與交際目的相關的事物開始，讓對方自己推導出結論。這種方式透過循序漸進的推理，使對方更容易理解你的立場。例如：當想說服某

人某個觀點時，可以先提出與該觀點相關的事實，再逐步引導對方推導出你的觀點。

比照法

將當前的問題與過去的類似情況進行比照，讓對方理解並自然接受。例如：當討論一個比較難的問題時，將其與對方過去的經歷相比較，可以讓對方在無壓力的情況下理解問題的嚴重性或可行性。

雙關法

運用語言中的雙關意義，不直接說出核心問題，而是透過隱含的暗示來傳遞資訊。例如：當有些話題難以開口時，可以透過巧妙的雙關語表達含蓄的意圖，讓對方自我領悟。

情感投資法

透過與對方建立情感連繫，再逐步引入核心話題。這種方法需要先了解對方的情感和思想，並用對方能接受的方式引導他們進入討論。這樣可以在情感上與對方達成共鳴，再進行有效的溝通。

謹慎運用兜圈子技巧

「兜圈子」技巧能夠在許多情況下幫助我們更有效地進行溝通，特別是在需要考慮對方情感或禮儀的情況下。學會運用這種技巧，不僅能夠讓我們的語言更加得體、委婉，還能夠達到溝通的最佳效果。然而，使用「兜圈子」時要慎重，避免過度繞圈，否則會讓對方感到不真誠或過於拐彎抹角，影響溝通的品質。

忠告三要素

忠告對他人的幫助及真誠的關係建立至關重要。然而，為何一般人對忠告會產生反感或難以接受呢？這通常與情感的反應有關，雖然有理性，但情緒往往占據主導，讓人難以聽進忠言。要讓忠告有效，關鍵在於掌握三個要素，這樣能讓忠告變得更具建設性和可接受性。

謹慎行事

忠告的根本目的是為了對方好，因此，為了讓對方感受到你的真心，首先要謹慎行事。在提出忠告時，語氣應該謙和誠懇，避免激烈或過度委婉的語氣，這樣能減少對方的反感。例如：當部下工作未如預期時，應先安慰對方，肯定其努力，再提出改進的建議，這樣能讓對方更容易接受。

選擇時機

選擇合適的時機和場合提出忠告至關重要。尤其在對方情緒不穩或處於低谷時，不適合直接給予忠告。應該選擇在對方情緒較為平穩的時候，並且最好在私密的環境下進行，而非當著他人面前。這樣可以減少對方的自尊心受損，增加忠告被接受的可能性。

不要比較

忠告時，避免使用比較手段。拿他人與當事人進行對比，容易引起對方的反感，尤其是涉及到自尊心的問題。例如：當一位母親對兒子提出忠告時，如果拿別人的孩子來比較，這會讓兒子感到被貶低，從而產生牴觸情緒。忠告應該聚焦於當事人的優勢與改進空間，而非用他人的標準來衡量。

第四章　社交口才：如何在社交場合中遊刃有餘

追尋人際交往的動情點

人際交往中，時常會有一些富有紀念意義的日子，這些日子充滿了期盼與遐思，讓人心潮澎湃。無論是人生的重要時刻，還是與他人相互關愛的時刻，都會讓人充滿熱情與感動。這些動情點不僅是一種情感的表達，更是構建深厚關係的重要契機。

在家庭中的動情點

家庭是情感的港灣，親人之間的理解與關心，往往展現在對對方動情點的把握上。無論是婆婆的生日祝福，還是子女在父母病床前的守候，這些細微的情感付出，都能讓家庭關係更加和諧溫馨。正如一位丈夫在妻子生日時，用一束鮮花和生日蛋糕營造溫馨氛圍，這樣的動情點讓夫妻間的感情更加深厚。

在工作中的動情點

在工作中，理解與關心同事的感受也是人際交往的重要一環。當同事遇到困難或挑戰時，及時的安慰和鼓勵能夠化解誤解，建立良好的合作關係。比如：有一位朋友在弔唁同事病逝的母親時，正是這份真誠的關懷促使兩人解開了多年的誤會，增強了彼此的情誼。

在上司與下屬之間的動情點

上司對下屬的關心往往展現在對他們的情感關懷上。對下屬的理解和支持，能夠激發他們的工作積極性和忠誠度。比如：一位廠長為了讓一位工人在春節前解除紀律處分，對他給予了理解與支持，讓下屬感受到上司的關心與大度，進而激勵他更加努力工作。

在師生之間的動情點

在教育中，師生之間的互動也是建立良好關係的關鍵。老師的循循善誘和關懷，能夠幫助學生發現自己的優勢並改正缺點。比如：一位班主任在學生過去的誤解中，選擇在特殊的時機，給予學生真誠的建議，這不僅幫助學生改進自己，也讓他們感受到了來自老師的關心。

第四章　社交口才：如何在社交場合中遊刃有餘

抓住動情點 —— 深化人際關係的關鍵技巧

　　無論是在家庭、工作還是學校，追尋動情點都是加深人際關係的重要方法。當我們能夠抓住他人情感的關鍵時刻，給予真誠的關懷與支持時，不僅能建立深厚的友誼和信任，還能讓我們的生活更加和諧與美好。

第五章
領導口才

　　在古漢語中,「領」與「導」都蘊含著統一思想和行動的含義,指的是透過某一方式將眾多的思想凝聚在一起,達成共同的目標。在這個過程中,如何有效地引導團隊並確保所有成員朝著同一方向努力,是領導成功的關鍵。要理清複雜的多樣化觀點,首先必須樹立一個核心的觀念,並賦予其足夠的權威性和中心性。

　　要達到這一目的,語言表述的精準和巧妙至關重要。領導者的口才不僅是傳遞資訊的工具,更是團結群眾、凝聚共識的重要手段。良好的口才能夠激發人心、感染人心,從而更好地帶領團隊朝向共同的目標前進。

第五章　領導口才

口才的藝術與技巧

語言的清晰性與簡潔性

領導者的語言應該簡明扼要，避免繁瑣和冗長的說明。清晰的表達有助於避免誤解，讓團隊成員快速理解目標與策略。在重大決策和指示時，簡潔而具體的語言能夠迅速抓住重點，讓人聚焦於最核心的問題。

感染力與說服力

領導者的口才不僅是傳遞資訊，更是激勵和鼓舞的源泉。有效的領導口才應該具備情感的感染力，能夠讓聽眾感同身受，激發他們的熱情與信心。同時，說服力也是一個重要的能力，透過理據清晰、事實有力的陳述，讓團隊成員認同領導的決策，並願意全力以赴去執行。

表達中的共情與包容

一位優秀的領導者知道如何在表達時展現出共情，聆聽團隊的聲音，理解他們的需求和想法。這樣的表達方式不僅能拉近與員工的距離，還能讓人感受到被尊重和理解，從而提高工作動力。

情境適應性

領導者的口才還應具備情境適應性。不同的場合、不同的聽眾，所需的表達方式也應有所不同。在正式會議中，領導者應該保持冷靜、理性，簡潔且有深度；而在非正式場合或團隊聚會中，則可以採取更輕鬆、親和的語言，來促進團隊成員的交流與合作。

領導口才的實踐與提升

提升領導口才的能力是長期積累和實踐的結果。領導者可以透過以下方式進行自我提升：

不斷學習和積累知識

增強自己的專業素養與知識面，能夠在面對不同問題時提供深刻的見解和建議。這不僅能提升個人信任度，也能在與團隊溝通時展示出權威性。

多加練習與反思

在各種場合下積極練習口才，從演講、簡報到日常會議的主持，都可以為提升口才提供有益的訓練。反思每次演講或會議的效果，總結經驗，從中不斷改進。

觀察他人的演講技巧

觀察並模仿一些成功領袖的演講技巧，如演講中的節奏把握、情感共鳴、語言運用等，這能幫助領導者從他人的成功經驗中學到技巧，提升自身表達能力。

領導口才 —— 帶領團隊走向成功的關鍵能力

總而言之，領導口才是一個領袖不可或缺的素養，能夠幫助領導者有效地統一思想，激勵團隊，並推動目標的實現。領導者應該謹慎選擇語言，時刻注意語言的力量和影響，並且透過不斷的學習和實踐來提升自己的口才，從而更好地帶領團隊走向成功。

第五章　領導口才

領導口才的基本特點和類型

領導口才的基本特點

態度明確，講話真實

領導者在發言時需要表現出清晰且堅定的態度，語言應該直截了當、無懷疑。例如：說「是就是是，非就是非」，而不是含糊其辭。這樣的語言表達有助於樹立權威，增強決策的執行力。即使是不得已的情況下使用「假話」，也應該具備正向的引導意圖和效果。例如：領導者在困難時刻的激勵話語，儘管某些事實不完全真實，但其目的是激勵士氣，帶來正向的結果。

情感真誠，以理服人

領導者的語言應該真誠，能夠表達出內心的情感與信念。同時，發言時要遵循理性，表達有根據、有理據的觀點。真誠的情感可以幫助領導者與民眾建立信任，而以理服人則能更好地說服對方，讓對方認同和支持領導的決策。

用語嚴肅，杜絕隨意

作為領導者，語言表達的每一個字句都可能對團隊及社會產生影響。領導者的言語需要小心謹慎，避免隨意或輕浮的語氣，確保言語在處理國家、部門或團隊事務時符合規範和嚴肅性。當然，這不等於呆板無趣的表達，而是要在莊重中融入幽默感，讓言語更具感染力。

富有哲理，靈活幽默

優秀的領導者不僅能夠表達事實，還能從事物的背後挖掘出深刻的道理。語言應該富有哲理，啟發人們思考。幽默的運用不僅能緩解緊張氛圍，還能促進交流，增加人際互動中的輕鬆感。在適當的時候，幽默可以有效打破尷尬局面，增強言語的親和力。

領導口才的分類

日常交往和溝通的口才

領導者在日常工作中需要進行大量的溝通，無論是開會、指導工作還是與團隊成員互動，都需要得體的語言表達。這種口才不僅展現在正式會議上，也包括日常的交流與指導。領導者應該能夠快速準確地表達意思，並且避免冗長和不必要的話語，提升交流的效率。

鼓勵和讚賞的口才

鼓勵和讚賞是激勵下屬的重要方式。領導者透過讚賞下屬的努力和成就，可以激發員工的積極性與創造力，幫助團隊達到更高的目標。這種口才強調真誠和實事求是，讚美應基於事實，過度的空泛讚賞反而可能適得其反。

批評和說服的口才

批評和說服是領導者需要熟練掌握的另一項技巧。批評下屬時，領導者需要謹慎把握分寸，避免傷害自尊心。批評應該具有建設性，促進被批評者的改正與成長。同時，說服則是透過邏輯推理和情感共鳴，引導他人接受你的觀點和建議。

第五章　領導口才

公開演講的口才

領導者經常需要在公眾場合進行演講,這是展示領導能力的重要平臺。公開演講要求領導者具有強大的表達能力和感染力。演講時,領導者應該根據聽眾的需求來調整內容,避免空洞的言詞,並保持語言的簡潔易懂,確保資訊傳遞的清晰與有效。

外交和應酬的口才

在外交場合或商業應酬中,領導者的口才尤為重要。領導者需面對各種外部挑戰和提問,這要求他們在回答問題時謹慎且具有策略性。外交口才不僅要注意語言的禮貌和分寸,還要確保言語符合國家和集體的利益,並有效地應對各種挑戰。

領導口才 —— 塑造影響力與領導魅力的關鍵

領導口才不僅是領導者日常工作的一項基本技能,更是引導團隊成功的關鍵。領導者應根據不同的情境,選擇適當的語言和表達方式。良好的領導口才可以幫助領導者有效溝通、激勵團隊、處理問題和達成目標。透過學習和實踐,領導者可以不斷提升自己的語言表達能力,成為一位真正具備魅力與影響力的領袖。

日常交往和溝通中的口才技巧訓練

交代工作任務時要明確具體，提出要求態度適當

每個人都有自尊心，作為主管經常要向員工交代工作任務，檢查並督促他們完成情況，這是工作中經常使用的語言環境。這類交往中，要注意要求必須具體，指示要明確無誤。讓員工明白你要求的工作內容、完成時間、工作計畫等。在表達時，語氣應該平和、親切，要求合理適當，避免因為自己是主管的身分，對下屬發號施令時過於嚴厲、武斷，或語氣過於冰冷僵硬。這樣會讓員工產生反感，甚至會失去對你的尊敬和信任。

例如：某公司的總經理準備在週五開會，討論公司的銷售問題。他對助理說：「麻煩你通知大家週五開個會，討論一下銷售的情況。」助理感到很為難，因為週五什麼時候開會？在哪裡開？參加的人有哪些？會議要準備什麼資料？誰會發言？這些具體的工作都沒有交代清楚，如何安排呢？作為主管，應該儘量在交代任務時做到明確具體、可操作、可檢查。同時，態度要謙和，表達上要注意平等，避免用過於命令式的語氣。

同事間閒談要避重就輕，保持適當距離

主管與員工的關係有時非常微妙，應該尊重員工，謙虛謹慎，保持民主和平易近人的態度。然而，也不能為了和員工建立良好的關係而成為他們的朋友。適當的距離是一種美德，過於親密可能會導致員工對你的命令輕視，權威會因此受到削弱。即便在私下聊天時，也不應該將太

多的個人祕密和想法公開，保持一定的隱私和神祕感有助於維持必要的職業距離。

對員工的不滿和對立情緒，要對症下藥、虛懷若谷

每位主管都有可能遇到部分員工的反對和不滿情緒，成熟的主管應該敏感地察覺到這些問題並積極主動查明原因，對症下藥。對於一些強烈的不滿，可以進行個別談話，坦誠相對，認真聽取員工的意見。如果因為工作失誤引起的不滿，主管應該勇於自我批評，虛心接受批評，這樣才能真正消除隱患，增強團隊的凝聚力。

激勵和讚賞的口才技巧訓練

用利益激勵，發揮員工潛力

事業前途、獎勵和榮譽等都是激勵員工努力工作的動力源泉。無論是物質還是精神上的獎勵，都能給員工帶來實際的動力，畢竟成功與榮譽是大多數人追求的目標。

給予競爭機會，激發員工的好勝心

對於有一定實力的員工，主管可以讚賞和激勵他們的競爭對手，激發他們的好勝心。每個人都有學習榜樣，這有助於員工進一步奮發向前，追求更好的表現。

肯定員工的成績，忽略過失，以情感打動人心

當員工有不良行為或工作失誤時，主管應該先肯定他們的優點，並從事實出發，提出建議或改正意見。這樣能夠激發員工的自信心，幫助他們進一步改正錯誤。

真誠讚賞，提升員工的成就感

真誠的讚美是促進員工工作積極性的關鍵，只有實事求是，從內心表達讚美，才能真正激勵員工。讚賞不僅要具體，還要真誠，否則容易引起員工的不信任。

與員工分享成功，增強其榮譽感

每當團隊成功時，主管應該走到員工中間，真誠地感謝和讚揚大家的努力，這樣不僅能提高員工的幹勁，也能增強主管的魅力。

用心傾聽，集思廣益，激發員工責任感

好的主管不僅要表達自己的意見，還應該鼓勵員工提出建議，並聽取他們的意見。這樣可以激發員工的責任感，讓他們感到自己是團隊的一部分。

批評和說服的口才技巧訓練

用含蓄的暗示批評，巧妙地達到目的

批評不一定要直接，含蓄的暗示有時能更有效地讓對方察覺問題並改正。這樣既能保持和諧的氛圍，又不會讓對方感到被冒犯。

從批評自己開始，拉近與對方的距離

當發現問題時，主管應該敢於承擔責任，首先批評自己，這樣能使下屬更容易接受批評並認識到改正的重要性。

抬高對方，讓說服變得更容易

當主管要說服員工時，應該首先肯定對方的優點，讓對方感到被尊重，這樣能使說服過程更加順利。

第五章　領導口才

對症下藥，以退為進，引導對方的思考

在處理員工情緒時，主管可以先找出對方心理的癥結點，然後給出合理的建議，這樣能使對方容易接受並改正自己的行為。

公開演講的口才技巧訓練

投其所好，打動聽眾的心

在公開演講中，主管應該了解聽眾的需求，針對他們的關心點進行發言，這樣能迅速拉近彼此之間的距離，獲得共鳴。

語言生動，簡單明瞭

演講時，語言要生動、簡單，能夠迅速將思想傳達給聽眾，讓他們容易理解並記住。

製造懸疑，吊人胃口

適當地在演講中製造懸念，吸引聽眾的注意力，這樣能增加演講的吸引力。

有節奏感，恰當調整語速和音調

演講時，語速和音調的變化能有效地抓住聽眾的注意力，適當地調整語速，營造緊張或輕鬆的氛圍。

外交和應酬的口才技巧訓練

記住對方特徵，巧妙借題發揮

在外交或應酬場合，主管應該記住對方的特徵，藉此發揮，這能讓談話氣氛更加熱絡，建立良好的溝通基礎。

詞義雙關，富有寓意

使用雙關語或隱喻可以在不直接表達的情況下達到想要的效果，這不僅能讓談話更有趣，還能表達深層的含義。

巧妙解釋，破解難題

面對挑戰性問題時，主管應該保持冷靜，巧妙轉移話題或重新表達，以避免直面難題。

以幽默化解僵局

當討論陷入僵局時，可以運用幽默來緩解氣氛，這樣不僅能化解矛盾，還能展現領導者的智慧。

這樣的語言訓練有助於提升領導者的溝通能力，無論是在日常工作還是公共場合，都能發揮關鍵作用。

第五章　領導口才

第六章
職場口才

　　每個人都有自己無法解決的問題，因此在日常生活和工作中，我們時常需要依賴他人，無論是請求幫助、請求人提供方便、機會，或是某些具體的資源。這時，職場口才顯得格外重要。如何有效地表達自己的需求，並且以一種讓人愉快和願意幫助的方式提出請求，成為了每個職場人必須掌握的技能。

　　職場口才不僅僅是表達清晰，它還包括在適當的時候說出適當的話，運用合適的語氣和策略來達成自己的目標。每一個職場情境中的言語交流都充滿著微妙的影響力和複雜性，掌握這些口才技巧，能夠讓你在工作中更具影響力。

第六章　職場口才

求人辦事的方法

每個人都不是超人,每個人都有解決不了的問題。因此,在日常生活和工作中,我們常常需要依賴他人,無論是請求別人幫忙,還是尋求他們提供方便、機會或其他具體資源等。當我們提出這些請求時,口才技巧顯得格外重要。

「求」有很多不同的方式,而其中很大一部分是口頭提出的。無論如何,當你需要求助時,應該採取一些技巧來讓對方樂意答應你的請求。從同樣的「求」,不同的人會因為用語、表達方式不同,得到不同的結果。可以說,求人也需要巧開口。

真誠地「捧」對方

所謂「捧」對方,指的是恰到好處、實事求是地讚美對方,而非過度的奉承。當你有求於人時,說一些對方樂意聽的話,尤其是與所求的事情有關的方面加以讚美,能讓對方產生愉悅的情緒,進而更容易答應你的請求。

例如:一位老師需要一位業餘篆刻藝術家刻印章。得知對方有些微詞時,老師回應道:「我知道您刻的印章無價,您所刻出的韻味是任何人都無法轉化的,我怎麼能要求您低價呢?」這樣的真誠讚美,不僅讓篆刻家心情愉快,也促使他願意幫忙。

替對方著想

在向他人提出請求時,也要體貼地考慮對方的困難與壓力。你可以先說明自己的需求,並表達理解對方可能會遇到的困難。例如:「我知道

這件事會給您帶來不小的麻煩，但我沒有其他辦法，真心希望您能幫助我。」這樣的表達能讓對方感受到你的誠意，並且更願意幫助你。

充滿自信

當你有求於人時，充滿自信的語氣往往能增加請求的說服力。如果你表現得猶豫不決、缺乏信心，對方很可能會產生疑慮，進而拒絕你的請求。因此，保持自信並表達你的需求，會使對方更容易接受你的請求。

切勿說「你也可以」

在請求他人幫忙時，切勿使用「你也可以」這類帶有次等意味的語句。這種話會讓對方覺得自己只是被當作一個選項，甚至可能感到不受重視。相比之下，可以用一些鼓勵性的話語來激起對方的自豪感，例如：「我相信這件事只有您來做最適合！」這樣不僅能讓對方感受到被尊重，還能增加他願意幫忙的動力。

給對方以承諾

當你向他人請求幫助時，記得表示願意回報對方的幫助。即使當下無法回報，也要表達自己在未來會回報對方，並在他需要幫助時伸出援手。這樣的承諾能讓對方感受到自己的付出是值得的，並增強他幫忙的動機。

讓對方無路可退

在某些情況下，巧妙地設計話語，堵住對方的退路，也是一種有效的求助方法。比如：有人需要向主管請示問題時，可以說：「這個問題我認為非常重要，直接向您報告會更為高效。」這樣的話語設計讓對方難以拒絕，也讓對方明白這個問題的重要性。

第六章　職場口才

運用商量式語氣

當你需要別人幫忙時，最好避免發布命令，而是以商量的語氣提出。這樣可以讓對方感受到尊重，且更願意幫助你。比如：當妻子需要丈夫幫忙接孩子時，若用商量的語氣說：「今天我有點事情，能否麻煩你去接孩子，順便做點飯？」這樣能讓對方心情愉快地接受請求，避免發生衝突。

用激將法作最後一擊

當對方對你的請求猶豫不決時，激將法是一個有效的策略。這是一種用挑戰對方的方式促使對方答應的技巧。例如：你想讓朋友幫忙推銷一本書，可以說：「你不是有很多朋友嗎？你能幫我銷售 20 本書嗎？」這樣的語氣會激起對方的競爭心理，讓他更願意接受挑戰。

透過以上這些方法，可以達到兩個目的：一方面促使對方答應請求，另一方面避免自己因為提出請求而感到尷尬或遭到拒絕。熟練掌握這些技巧，你不僅能夠提升自己的人際交往能力，還能在各種情境中達成更高效的溝通與合作。

向別人提出請求的注意事項

要注意禮貌

在提出請求時，禮貌是最基本的要求。無論是大事還是小事，都要用心說出「請」字，並且不要讓對方覺得是理所當然的事。如果開口時直接說「喂」，這樣無論如何都難以得到對方的配合。此外，感謝對方的幫忙時，應該表達真誠的感激。例如：如果你請朋友幫忙找到了一本早就想要的書，可以這樣說：「謝謝了，沒有你的幫助，我恐怕沒辦法大飽眼福了。」

要注意方式

如果請求不是非常緊急的事，最好選擇在對方心情愉快或相對閒暇的時間提出。當對方情緒不佳或正忙於其他事務時，不要打擾。此時的請求效果可能適得其反。此外，請求的語氣也要婉轉，給對方足夠的時間去考慮，不要催促得過於緊迫，以免讓對方感到壓力。

要注意場合

提出請求的場合也很重要。根據問題的性質選擇適當的場所進行交流。比如：該上門拜訪的事宜不要在對方單位提問；如果是比較私人的事，最好避免在家人面前提起。更要避免無意中對對方施加心理壓力，這會使對方感到為難，從而影響他們的幫助意願。

要注意原則

當請求別人幫忙時，特別是涉及到的問題對自己可能是小事，但對別人來說可能會引起一些不便或誤解。尤其是工作上的幫忙，有時候可能會引起「開後門」或不正當的連繫。因此，在提出請求時，一定要考慮到是否符合原則，並避免增加對方的工作壓力或帶來不必要的麻煩。

要注意真誠

在提出請求時，應該真實地向對方表達清楚請求的目的，而不是故意隱瞞或縮小事情的難度。讓對方了解真相是對他們的尊重，也是建立長期信任的基礎。如果你試圖掩飾或忽略事實，最終可能會失去朋友的信任。

要注意互助

在請求別人幫助時，應記住「有求必有報」的原則。不能只是單方面地求助，當別人有困難時，也應該主動伸出援手。與人為善，幫助他人不僅能建立良好的人際關係，也能在未來得到他人的幫助。

第六章　職場口才

幫不了朋友怎麼辦？

當朋友提出請求時，我們有時會因為面子或情感原因想要答應他們，但有些事情我們根本無法辦成。如果自己確定無法完成這個請求，最好的做法是直接拒絕，而不是因為不願意讓對方失望而答應，最後卻無法履行。

拒絕並不容易，但也不是不能接受的事。很多時候，直接拒絕並不代表對對方的不尊重。正如日本一所「說話技巧大學」的教授所說：「當別人請求你，而你不得不拒絕時，常常會感到頭痛。因為每個人都希望別人重視自己，但又不希望讓對方不愉快。」

如果你不得不拒絕，可以先表達理解，再委婉地拒絕，這樣對方更容易接受。例如：你可以說：「我明白你的需求，但目前的情況對我來說可能很難辦到。希望你能理解。」

如何避免不適當的承諾？

許下的承諾，一定要有把握完成。如果不能做到，應該誠實告知對方。否則，因為無法履行承諾，會讓對方失望，甚至影響你們之間的信任。在這種情況下，你可以使用一些靈活的方法來表達：

彈性許願

如果情況不確定，可以採取「盡力而為」的方式，給自己留下一定的彈性餘地。這樣既能表達對請求的重視，又能避免過高的期望值。

延緩性許願

對於長期性或難以立即達成的請求，可以延後時間，再根據實際情況給予回應。這樣可以為自己創造條件，避免立即作出承諾。

隱含條件的許願

對於你無法獨立完成的事情，可以在承諾時加上條件。例如：如果朋友要求你幫助辦理一項涉及他人合作的事務，你可以說：「如果能夠協調好相關部門，我會幫忙，但這個過程中還需要其他人的支持。」

如何幫朋友辦事？

幫助他人，特別是在朋友有困難時，是展現寬大胸懷和慷慨的時刻。雖然有時幫助他人可能會讓自己感到一些不便，但長期來看，這些行為會幫助你建立更加穩固的人際關係，並且獲得快樂和充實。

君子成人之美

孔子在《論語》中提到：「君子成人之美，不成人之惡，小人反是。」這是說，幫助他人完成願望和目標，是一種高尚的行為。今天，這種行為仍然可以在我們生活中展現，比如幫助朋友順利完成工作，或是在朋友有經濟困難時伸出援手。

分內事與分外事

在工作中，我們經常會遇到朋友的求助。這時，如何處理「分外事」成為一個重要的問題。對於這類問題，最好的方式是從人際關係的角度考慮，並且努力在自己的工作和朋友的需求之間找到平衡。

懂得相互「借光」

相互幫助並不僅限於物質上的互換，還包括精神上的支持。當你請人幫忙時，也要讓對方感受到你對他們的信任和支持，這樣互幫互助的行為會更加和諧，並增強你們之間的關係。

這些方法不僅幫助你應對日常生活中的困境，還能在長期的人際交往中為你帶來更多的支持和幫助。

第六章　職場口才

求人辦事應怎樣說話

在日常生活和工作中，我們經常需要向他人求助，無論是辦事、提供方便、獲得機會，或是請求具體的東西等。求人有許多種方式，其中大部分是口頭表達的。

經常會發現，對同樣的請求內容，使用不同的語言和方式表達，得到的結果差異很大。那麼，怎樣才能使對方願意答應自己的請求呢？

求人語言應該做到誠懇、禮貌，不強加於人（有時還需要委婉）。誠懇指的是讓對方感受到你真心的請求，這樣才能讓對方重視並樂意答應你的請求。禮貌則是指使用對方願意接受的語言和稱呼。例如：問路時，如果稱對方為「老頭」或「小鬼」，可能會得到冷淡的反應；但如果改稱「老人家」或「小朋友」，則能獲得更好的回應。

不強加於人是指避免使用命令或祈使語氣，而應多使用委婉、徵詢的語氣。例如：使用「麻煩您……」、「勞駕……」或「可以幫我嗎？」等語句，即使是對熟人也不妨如此表達。

以下是一些常見的求人語言技巧，希望對你的請求有所幫助。

以情動人

這種方法通常用於較大或較重要的請求。你可以將請求融入情感的敘述中，或者說明自己的處境，讓對方理解求助於人是不得已的情形。這樣能讓對方感受到你的真誠，並增加他們的幫助意願。

先「捧」後求

這裡的「捧」是指對對方進行恰到好處的稱讚，並不是誇大或肉麻的吹捧。求人時，可以先誇獎對方的能力或過往成就，特別是與請求相關的方面，這樣能讓對方在心理上對你的請求更為開放。例如：你可以說：「您處理事情真的很有條理，我相信您一定能幫我解決這個問題。」

「互利」承諾

在求人時，不忘表示願意給對方回報或承諾將來幫助對方。這樣對方會覺得他們的付出是值得的，並且對你產生更多好感。即使無法立即回報，也可以強調將來有機會時會回報對方的幫助，這樣能讓對方對你的請求更有信心。

尋找「過渡」

如果向熟悉的人求助，可以較為直截了當；但若是向不太熟悉的人、關係一般的人或社會地位較高的人求助，則可能需要一個過渡的過程。這個過渡過程可以透過輕鬆的交談來開始，逐漸引導對方進入你的請求中，避免直接進入請求的部分，這樣能讓對方更容易接受。

另外，還要注意事先了解對方的情況，避免無意中冒犯對方，這樣能提高你的請求成功率。

對所求之事要有所估計

在進行交際活動之前，對自己提出的要求及可能被滿足的程度要有所估計。你需要考慮以下三個方面：

- **對方的能力**：看自己提出的要求是否超出了對方的能力範圍。如果要求過高，脫離現實，對方無法滿足，那麼最好避免提出這樣的請求。

- **對方的性格和關係**：了解對方的人品以及你們之間的關係深淺。如果對方並不樂於幫助人，哪怕你的要求並不過分，也可能會被拒絕。在這種情況下，最好避免提出要求。
- **合理合法性**：確保自己的要求合情合理，並且不違反任何規範或法律。如果請求違法，對方會拒絕的，這時最好避免提出。

在進行求助之前，做好這些基本的估計，能避免許多尷尬的場面。

學會交際的試探技巧

即使你事先做了充分的估計，也無法預見所有的情況。有時候，尷尬的場面仍然可能出現。這時候，使用一些試探方法能幫助你避免難堪的局面。以下是一些常見的試探技巧：

- **自我否定法**：當你不確定自己提出的請求是否合適時，可以先提出問題，並自我否定。這樣，對方可以選擇回應的方式，避免讓你感到尷尬。
- **投石問路法**：當你有具體的想法時，可以先提出與此相關的問題，看看對方的反應。如果對方的回答是否定的，那麼就可以放棄提出原本的請求。
- **觸類旁通法**：在提出要求之前，先問一個相關問題，看看對方的態度。如果得到正面反應，再提出正式的要求；如果得到否定的反應，就避免再提出要求。
- **順便提出法**：有時候，不需要過於正式地提出請求。你可以順便在某個情境中提出請求，讓對方覺得這個問題不那麼重要，這樣即使被拒絕，也不會感到太尷尬。

- **開玩笑法**：將正式的請求以開玩笑的語氣提出，這樣即使被拒絕，對方也不會覺得你太過於認真，且能輕鬆化解尷尬。
- **打電話法**：有時候，透過電話提出請求比面對面來得更輕鬆。由於彼此無法看到對方的表情，拒絕的情況也較不容易引起尷尬。

求人辦事的說話藝術 ── 提升成功率的關鍵技巧

求人辦事時，能運用合適的語言技巧及試探方法，能夠有效地避免尷尬和拒絕的局面。誠懇、禮貌、委婉及對對方的考量，能讓你的請求更有可能獲得正面的回應。

第六章 職場口才

如何與領導相處

在現代社會中,人際關係與事業發展密不可分,特別是在工作中,與上級的關係尤為重要。建立並維護良好的上級關係,往往能對自己的職業生涯產生正向的影響。人們通常認為關係是一種情感和利益的結合,有了好的關係,就能處事得心應手,甚至有些事不必按照常規來辦。那麼,如何才能與領導建立並保持良好的關係呢?

了解並掌握上級的背景和社會關係網

每一位領導都有自己的人際關係網,這些網路通常與他們的身世、過去經歷以及職業生涯有關。要與上級建立良好的關係,首先應該了解並掌握他們的背景,包括家鄉、親屬、朋友、同學等社會關係。這樣在合適的時機,可以透過與他們關係密切的人建立連繫,間接加深與上級的關係。例如:你可以在這些關係的幫助下獲得上級的支持,使他們因為人際網路的面子而無法拒絕你的請求。

委婉而自然地建立關係

攀附關係不應該過於直白,若是強行拉近關係,容易引起反感。與上級建立關係應該循循善誘,選擇適當的時機,在言談中自然地提及你們之間的共同點或過往的經歷,這樣才能讓上級感受到你的誠意而不會覺得突兀。例如:你可以在非正式的場合提及一些與上級有共同認識的

人或事，讓上級感到你對他有一定了解，這樣不僅能增強彼此的親近感，也能讓上級在不經意間對你產生好感。

選擇合適的場合

與上級建立關係最好避免在公開場合，尤其是人多的場合。這樣的場合可能讓上級感到不適，且容易引來旁人的誤解，認為你是在有意巴結或拍馬屁。最理想的場合是與上級在較為私密的情境中互動，例如在休息時間、茶會、酒桌上，或是在閒聊時，自然地拉近彼此距離。這樣，既能保持上級的面子，又能在輕鬆的氣氛中讓上級更容易接受你的關係。

適時使用一些手段

有時候，當你與上級的競爭者過多或上級身邊已有許多人想討好時，你可能需要一些巧妙的手段來讓自己脫穎而出。例如：了解並識別上級周邊可能存在的矛盾，並在適當的時候利用這些矛盾來為上級提供某些幫助或建議。這樣的做法可能讓你在上級眼中成為重要的人物，進而讓他對你產生依賴感。

總之，與主管相處並非一蹴而就的事情，這需要時間的積累和精心的管理。在與上級建立關係的過程中，保持自然、真誠和謙遜，避免過度的討好或過分的示弱，這樣才能在維持良好職業形象的同時，獲得上級的信任與支持。

第六章　職場口才

如何處理同事關係

同事關係是我們工作中最直接且重要的社交關係之一。相較於上級關係，同事關係可以更加平等和直接，且常常能在工作的過程中互相幫助與支持。因此，如何處理好同事關係，不僅能讓工作更加順利，還能讓你在職場中建立穩固的支持網路。

有誠意地請求同事幫忙

同事之間的關係建立在相互理解和信任的基礎上，因此，當你需要同事幫忙時，要坦誠相待，清楚地說明自己請求幫助的理由，並且表達出對對方的信任。若是隱瞞或遮掩，有時會讓對方產生不信任的情緒，這樣反而難以得到他們的幫助。

言辭要客氣

在與同事相處時，無論是請求幫忙還是處理事情，都應該保持謙遜和尊重。同事之間並非朋友，因此你需要用徵詢的語氣來請求幫助，而不是強求。當同事幫忙完成了事情後，不要用金錢來表達謝意，簡單的感謝和禮貌的稱讚，會讓你與同事之間保持良好的關係，避免讓對方產生負擔。

知道什麼事應該請同事幫忙，什麼事不該

當需要請同事幫忙時，首先要考慮自己是否能處理這件事，盡量自己解決那些能夠處理的小事。如果請求幫忙的事本來就簡單且自己也可以完成，那麼請同事幫忙會讓他們覺得你不尊重他們。至於一些涉及利益或與自己職位直接相關的事，也不應輕易請求同事幫忙，以免造成誤解。

如何處理同學關係

　　同學關係是人生中最為純真和深厚的情感之一。畢業後，這些關係往往會隨著時間流逝而漸漸淡化，但它們在你人生的某些時刻卻可能發揮至關重要的作用。

保持連繫，增強關係

　　與同學保持長期的連繫對於未來的發展至關重要。經常聚會或保持聯系，無論是普通的社交還是共同的業務合作，都能讓同學之間的關係更加深厚。在困難時刻，這些同學之間的互助和支持可以成為你解決問題的重要資源。

在關鍵時刻請求幫助

　　同學之間的情誼往往經歷過學習、生活的磨練，因此，這些關係是非常值得珍惜的。當你面臨困難時，別忘了可以請求同學的幫助。這不僅是一次請求，也可能是你們友誼的深化。

　　總結來說，無論是與主管、同事還是同學建立關係，都需要講究方式方法。真誠、謙遜並建立在相互理解和支持基礎上的關係，才是最長久且最有價值的。

縮短人際距離的關鍵技巧

了解對方的興趣愛好

在與新認識的人交流時，若能關注並利用對方的興趣愛好，便能快速拉近彼此距離，並留下良好印象。例如：與年長者談論健康養生、與年輕父母聊育兒經驗，或是與愛好閱讀的人分享近期熱門書籍，都能有效建立親近感。

使用平易近人的語言

著名作家丁‧馬菲曾說：「用日常瑣事作為話題開端，是成功促進人際關係的關鍵。」若一開始便使用過於深奧或浮誇的語言，可能會讓人產生距離感。相較於展現才華，讓對方感受到你的真誠與平易近人更能促進交流。

避免否定對方

初次見面時，對方往往難以接受直接的反駁與批評，容易因此產生反感。若有不同意見，可透過引述他人觀點的方式間接表達，避免讓對方產生防備心，從而維持良好的互動。

了解對方期待的評價

心理學研究顯示，人們往往希望他人給予符合自己理想形象的評價。例如：希望顯年輕的長者、追求成功的職場人士，都渴望聽到正面的回應。適時提供鼓勵性的評價，能有效建立好感。

注重表情管理

人的內在情緒常會透過表情展現,影響他人對自己的第一印象。除了檢查儀容外,不妨在見面前對著鏡子調整表情,確保呈現出親切、自然的微笑,減少不必要的緊張感。

注意對方的無意識動作

當對方在交談時頻頻查看手錶、環顧四周,可能表示對話應適時結束。尊重對方的時間與情緒變化,能讓對方感受到你的細心與體貼。

引導對方談論得意之事

人們樂於分享自己的成就與喜悅,但若無人詢問,往往缺乏動力主動提及。透過適當的提問,鼓勵對方談論自己的成就,能讓彼此關係更加融洽。

選擇並肩而坐

面對面交談可能增加緊張感,而並肩而坐則能營造更自然的氛圍,降低壓力,使對話更輕鬆愉快。

適時拉近肢體距離

每個人都會在周圍形成一個「心理安全區」,通常只有親密關係的人能夠進入。若能適時縮短距離,如輕微靠近對方,能增加親切感,但需注意適當性,避免造成不適。

以笑聲營造氛圍

適時微笑與笑聲能減少陌生感,使對方更容易敞開心扉,即便對方的笑話不算精彩,也可適度回應,以增進彼此的親近感。

第六章　職場口才

找出共同點

人們對於與自己有共通點的人容易產生親切感，例如來自同一城市、就讀於相同學校，或是擁有類似興趣。若能發現並運用這些共通點，將能迅速拉近彼此的距離。

表現對對方的關心

展現關心是建立好感的關鍵，透過事前蒐集對方的基本資料，或在對話中記住對方曾提及的重要資訊，能讓對方感受到你的用心與誠意。

先徵詢對方意見

在討論或決定事情前，先詢問對方的意見，不僅表現尊重，也能增進彼此的交流與互信。

記住對方的重要日子

記住對方的生日、結婚紀念日等特別日子，並在當天送上祝福，即便只是簡單的一通電話，也能讓對方感受到你的心意。

贈送讓對方家人開心的禮物

在選擇禮物時，若能挑選對方家人喜愛的物品，將更容易獲得對方的好感與感謝。例如：贈送適合孩子的玩具或長輩喜愛的健康食品，能讓對方對你產生更深的好印象。

直接稱呼對方的名字

直呼對方名字能夠縮短心理距離，增加親切感。在適當的場合使用對方的名字，而非全名或稱謂，能使彼此的互動更加自然與親近。

建立親密關係的關鍵在於細節

　　人際關係的建立與維繫，不在於浮誇的言辭，而在於細緻的觀察與用心經營。透過關心對方的需求、尊重彼此的界線，並以真誠的態度與他人互動，便能在短時間內縮短距離，建立深厚的人際連結。

第六章　職場口才

第七章
商務談判口才

　　在商務談判中,對方的底價、時限、決策權及最基本的交易條件等內容,通常屬於機密資訊。掌握這些關鍵資訊的一方,往往能在談判中取得優勢。因此,在談判初期,雙方都會運用各種策略來試探對方的底線,並保護自身的核心利益。以下將介紹幾種常見的談判技巧,以提升談判口才與策略運用的能力。

問題引導與資訊探測

透過精心設計的問題，引導對方透露有價值的資訊。例如：詢問對方過去的交易模式、市場預測，或假設性的情境問題，能夠間接獲取對方的交易條件及立場。此外，重複詢問類似問題，觀察對方回答的一致性，也能測試其底線。

迂迴試探與資訊交叉驗證

不直接詢問核心資訊，而是透過側面問題，如市場趨勢、競爭對手的動態，來推測對方的意圖。例如：詢問對方的交貨時間或庫存情況，可能透露其需求的急迫性。此外，透過與不同層級的代表交談，交叉驗證資訊，能有效過濾虛假訊息。

假設測試策略

在談判過程中，使用假設性問題來試探對方的立場。例如：「如果我們能夠接受這個價格，是否可以加快交貨？」此類問題可讓對方無意間流露其談判底線，同時也能測試對方的讓步空間。

迂迴施壓與沉默策略

談判中有時過多的言語會讓對方察覺己方意圖，適時的沉默反而能讓對方感到壓力，進而主動提供更多資訊。此外，利用競爭壓力，如暗示還有其他供應商或合作夥伴，亦可讓對方為保住合作機會而主動讓步。

讓步與交換條件

當談判進入關鍵階段，適當讓步能換取對方更重要的承諾。例如：在價格談判中，若己方無法進一步降價，可考慮提供額外的售後服務或優惠方案，以換取對方的妥協。

角色分工與團隊策略

在團隊談判時，可透過分工合作來引導談判方向。例如：一人扮演強硬派，負責堅持條件；另一人扮演協調者，負責促進雙方溝通，讓對方在心理上產生「我們已經獲得讓步」的錯覺，從而促使交易達成。

控制談判節奏與時機

掌握談判的節奏，能有效影響對方的決策。適時拖延談判，讓對方感受到時間壓力，可能促使其更快做出讓步。反之，當對方急於達成協議時，可採取緩和策略，以爭取更有利的條件。

第七章　商務談判口才

談判成功的關鍵在於策略與靈活應對

商務談判並非單純的言語交鋒,而是一場心理與策略的較量。成功的談判者需具備敏銳的洞察力,靈活運用探測與應對技巧,並在合適的時機做出妥協與讓步。透過不斷提升談判口才與策略思維,才能在商業談判中立於不敗之地。

談判的綜合素養與成功關鍵

商務談判不僅是一場策略與口才的較量,更是個人素養的全面展現。優秀的談判者必須具備多種能力,包括敏銳的觀察力、靈活的應變能力以及高度的耐心與決斷力。以下將介紹成為談判高手所需的關鍵素養,以及成功談判的重要原則與技巧。

談判高手的十項核心素養

具備正確健康的談判意識

成功的談判應基於公平競爭與合作,而非為了逞一時之快或壓制對方。談判的目的應是尋求共識,而非單方面壓倒對方。

擁有豐富的社會經驗與理論知識

談判涉及多種領域的專業知識與實務經驗,談判者須熟悉市場趨勢、心理學、商業法規等,並善於分析談判中的隱藏訊息。

具備敏銳的思考與判斷能力

談判過程中充滿未知與變數,談判者需迅速思考、判斷對方話語的真實性與策略,並適時調整自身應對方案。

勇於冒險,積極進取

談判需要膽識與決斷,但這種冒險應是基於風險評估,而非貪得無厭。適度的進取精神能提升成功機率,但需確保雙方都能獲利。

第七章　商務談判口才

機智幽默，靈活應變

談判是一場高強度的心理對抗，靈活應變與幽默感能在緊張時刻緩和氣氛，提升談判效率。

保持禮貌與開放的心態

談判者應展現大度與誠懇的態度，避免因個人恩怨或情緒影響談判進程。尊重對方，才能為合作創造良好氛圍。

耐心與堅持

談判往往需要多輪協商，堅持到底是關鍵。有時決定勝負的，可能是最後關鍵的幾分鐘，因此要有耐心等待最佳時機。

善於辯論與邏輯思考

談判是一場語言的交鋒，談判者須具備清晰的邏輯與說服力，才能有效傳達觀點並影響對方決策。

果斷決策與承擔責任

談判者需在關鍵時刻勇於決策，並承擔結果。猶豫不決或迴避責任，可能會讓己方陷入劣勢。

注重細節，保持紀律

談判過程中的每一個細節都可能影響最終結果，因此需謹慎記錄談判內容，並確保所有條款清晰明確。

成功談判的基本原則

不因情面讓步：談判是商業行為，應以利益為考量，而非基於情感因素輕易讓步。

兼顧情理與利益：談判需平衡理性分析與情感交流，避免過於冷漠或過分強硬。

避免心理壓力影響決策：談判對手可能會利用心理戰術施壓，須保持冷靜與自信。

選擇有利的談判地點：避免總是在對方的地盤談判，以確保己方擁有足夠的談判籌碼。

拒絕應直率明確：對不合理的要求應清楚拒絕，避免曖昧態度導致誤解。

用說服代替壓迫：強硬施壓可能適得其反，應以邏輯與資料說服對方。

不要誇大自身優勢：過度吹捧自己的企業或產品，可能讓對方產生懷疑。

避免情緒化談判：情緒化的談判往往無法達成長遠的合作，應保持理性與專業。

堅持雙贏原則：談判的最佳結果應是雙方皆有所得，而非單方獨占利益。

耐心與彈性並存：談判中需適時讓步，但不應無限妥協，要懂得堅持關鍵利益點。

培養專注技巧，提高談判效率

維持適當的身體語言

■ 以開放的姿態進行談話，如輕微前傾表示專注。
■ 避免雙臂交叉或身體後傾，以免顯得防備或冷漠。

第七章　商務談判口才

控制談話距離

■ 保持適當的社交距離，避免過於接近或過遠，影響對話的自然性。
■ 注意對方的身體語言，若對方後退，代表需要更多空間。

目光交流

■ 目光柔和且適度注視對方，以表示尊重與專注。
■ 避免過度直視或頻繁移開視線，以免產生壓迫感或顯得心不在焉。

消除干擾

■ 在談判時關閉手機、移除不必要的干擾因素，以確保注意力集中。
■ 避免分心動作，如敲擊桌面、玩弄筆或不停翻閱文件。

談判成功的關鍵在於策略與素養的結合

　　談判不僅是一場技巧的對決，更是一場心理與策略的較量。成功的談判者需具備廣泛的知識、靈活的應變能力、敏銳的判斷力與穩健的心態。透過合理運用談判策略、維持專業的溝通方式，以及掌握對方的心理與需求，才能在談判中取得最佳結果。最終目標不僅是爭取最大利益，更是建立長遠、互惠互利的合作關係。

成功談判的報價技巧

在商務談判中，報價策略往往決定了談判的主動權與最終交易結果。報價不僅關係到價格的確定，還影響對方的心理預期與談判走向。以下將探討成功報價的關鍵技巧，包括誰應該先報價、如何制定開盤價，以及報價的基本原則。

誰應該先報價？

在談判中，先報價的一方通常會影響談判的基調，因此究竟是賣方還是買方應該先提出報價，取決於具體情境。

(1) 先報價的優勢與風險

優勢：先報價能夠為談判設定價格範圍，影響最終交易價格，使談判更容易朝對己方有利的方向發展。

風險：對方可以根據己方的報價調整策略，使其獲得更有利的條件，或透過議價降低價格。

(2) 何時應該先報價？

當談判激烈，需爭取主動時：如果己方希望掌握談判節奏，或對市場情況較為了解，可率先報價，以設定框架。

當市場競爭激烈時：若競爭對手眾多，先報價有助於吸引對方關注，避免錯失機會。

當雙方關係穩定時：若談判對象是長期合作夥伴，彼此信任度高，先報價與否影響不大，雙方通常能夠快速達成共識。

(3)何時應該讓對方先報價？

當不確定對方的預算範圍時：讓對方先報價可測試其價格接受度，避免報價過高或過低。

當對方可能有更大讓步空間時：透過對方的報價，可以掌握其底線與談判空間，進而制定更有利的回應策略。

開盤價的制定與喊價技巧

開盤價（初始報價）是談判的重要環節，對於最終成交價格有著直接影響。一般來說，賣方的開盤價通常高於實際成交價，而買方則可能從最低可接受價格開始談判。

(1)為何賣方的開盤價應該較高？

預留談判空間：高開盤價使得後續談判有讓步的空間，不至於在第一輪討論就陷入僵局。

影響買方對價格的認知：開盤價將成為買方評估商品價值的依據，若價格適當較高，買方可能會認為商品品質優良，從而接受較高的成交價格。

提高最終成交額：統計顯示，若賣方開價較高，往往能夠獲得較高的最終成交價。

(2)喊價技巧

面對強勢對手時，提高報價以抵消壓力：若對方一開始便對價格施壓，應適當提高報價，以便在後續議價時仍能獲得理想成交價。

當市場競爭激烈時，適度降低開盤價：在競爭對手較多的情況下，報價應在可接受範圍內，確保自身報價具有吸引力。

面對長期合作夥伴時，報價應穩妥：對於關係穩定的客戶，不宜漫天喊價，而應保持合理且誠信的定價，促進長期合作。

(3) 報價的三大原則

堅定：報價時應表現出自信，避免猶豫或讓對方察覺己方的底線。

清楚：確保報價明確，避免含糊其詞或讓對方有誤解的機會。

不加解釋：報價後不立即給予過多說明，避免讓對方察覺己方的談判立場與策略。

有效報價的關鍵策略

除了先報價與開盤價策略外，以下幾點可進一步提升報價的成功率：

(1) 避免立即接受對方的第一個報價

若對方的第一個報價接近己方目標價格，仍應適當表達考慮或猶豫，以測試對方是否有進一步讓步的可能。

(2) 使用「錨定效應」影響對方預期

開盤價通常會成為後續談判的「基準點」，對方的心理預期將受其影響。因此，高開盤價能夠讓對方在後續談判中逐漸接受較高的價格範圍。

(3) 逐步讓步，而非一次性大幅度調降

若談判需要讓步，應採取逐步調降的方式，而非一次降價到底。這樣能夠讓對方覺得自己經過努力才獲得優惠，提高成交機率。

(4) 製造「稀缺效應」

暗示產品或服務的供應有限，可能提高對方對價格的接受度。例如：「這項優惠僅限於本月內有效」，能促使對方加速決策。

(5)將報價與其他條件綁定

若對方要求降價，可提出附帶條件，如提高訂單數量、縮短付款週期，或減少附加服務，以確保己方獲利。

談判中的報價策略影響最終成交結果

商務談判的報價技巧不僅關乎價格設定，更涉及策略與心理戰術。是否先報價、如何制定開盤價、如何掌握讓步空間，都需根據談判對象與市場情勢靈活調整。透過堅定、清楚、不加解釋的報價原則，搭配精心設計的喊價與讓步策略，談判者將能在競爭激烈的商場中占據有利位置，達成雙贏的交易結果。

即時掌握談判的主動權

在商業談判中，主動權的掌握往往決定了最終的談判結果。優秀的談判者能夠透過策略性的布局與應對，不僅影響對方的談判思維，還能確保己方的利益不受損害。以下將探討如何透過先發制人、談判讓步技巧與心理戰術來確保己方的優勢。

先發制人的策略

在談判中，先發制人是一種強有力的策略，它可以讓己方設定談判框架，並在談判初期就確立主導地位。然而，先發制人不意味著過於強勢或壓迫，而是透過巧妙的方式掌握節奏，影響談判走向。

(1)何時應該先發制人？

當己方擁有資訊優勢時：若己方對市場價格、產品價值或交易條件有清晰的掌握，可以率先提出條件，設定談判基準點。

當對方態度強硬時：透過先發制人，可以打破對方的心理防線，使其進入己方設計的談判框架內。

當談判氣氛僵持時：主動提出方案或條件，能夠引導談判向有利己方的方向發展。

(2)先發制人的核心技巧

保留談判餘地：若是賣方，開價應高於目標成交價；若是買方，則應開價低於可接受範圍，確保有議價空間。

第七章　商務談判口才

引導對方先開口：讓對方先說明需求與條件，這樣可以測試對方的底線，並根據對方的回應調整策略。

把握談判節奏：透過適時的發言與沉默，讓對方感受到己方的掌控力，避免讓談判完全落入對方的掌握之中。

談判讓步的策略

讓步是一種談判中的心理戰術，若運用得當，可以在維護己方利益的同時，促使對方接受己方條件。然而，不合理的讓步可能會削弱己方的談判立場，甚至導致利益受損。因此，讓步需要策略與技巧。

(1) 讓步的核心原則

讓對方先在關鍵問題上讓步：若能讓對方在重要條件上先做出讓步，己方便能在細節問題上適度讓步，創造雙贏局面。

讓對方珍惜每一次讓步：不要過於輕易讓步，否則對方會認為這是理所當然的，而非己方的誠意。

避免對等讓步：若對方讓步 60%，不代表己方必須回應相同幅度，應視情況決定適當的回應幅度。

讓步應有所交換：每一次讓步都應換取對方的承諾或回報，例如降低價格可以換取更短的付款期限或更高的訂購量。

掌握讓步的時機：適時拖延讓步，能讓對方更珍惜所獲得的優惠，避免過快或過多的讓步導致對方固守原條件不放。

(2) 讓步的實用技巧

設立談判籌碼：例如在價格上讓步時，可要求對方縮短付款期限，確保己方仍能獲得利益。

避免輕易答應對方要求：當對方提出要求時，不要立即答應，而是表示需要考慮，以讓對方意識到己方讓步的價值。

運用「虛擬讓步」策略：即表面上讓步，但實際上並未損失核心利益，例如提供額外的附加服務，而非直接降價。

掌控談判心理，避免失去主導權

談判不僅是一場條件的較量，更是一場心理戰。成功的談判者能夠透過細微的策略，影響對方的決策與判斷。

(1) 說「不」的藝術

許多人在談判時害怕說「不」，擔心破壞合作關係。但其實，適時拒絕能讓對方更加尊重己方的底線。

保持耐心與前後一致：若己方的底線已經確定，就不要因對方的壓力輕易動搖。

強調「無法接受」而非直接否定：例如：若對方要求大幅降價，可回應：「我們無法承受這樣的價格，但我們可以探討其他可能的合作方式。」

(2) 不讓步的策略

營造緊迫感：若對方過於堅持己見，可暗示機會有限，例如「這是我們目前唯一能提供的優惠條件，若無法接受，我們可能需要考慮其他選擇。」

善用沉默：有時候，適當的沉默可以讓對方產生不安，進而主動讓步。

(3) 應對對方的心理戰

不被對方施加的壓力影響：對方可能會採取「最後通牒」式的策略，例如：「如果今天不成交，我們就找別人合作。」此時，應冷靜應對，避

第七章　商務談判口才

免因壓力而做出不必要的讓步。

避免對方的情感操縱：有些談判者會利用情感手段來影響決策，例如強調「多年合作關係」來施壓，這時應回歸理性分析，以確保決策基於利益考量。

談判的主動權來自策略與心理戰

談判是一場權衡智慧與策略的過程，成功的談判者必須懂得如何掌控談判節奏，適時讓步但不輕易妥協，並善用心理戰術影響對方的決策。透過先發制人、掌握讓步技巧與維持堅定立場，便能在談判中掌握主導權，確保達成最有利的交易結果。

準備好開場白：掌握成功談判的起點

在商業談判中，開場白是整個溝通過程的關鍵，尤其在口頭談判中，其影響力更甚於書面溝通。談判的開場白不僅能夠影響談判氛圍，還能幫助談判者確立自身權威，吸引對方關注，並為接下來的議題做好鋪墊。因此，談判者應該精心設計開場白，讓談判從一開始便朝有利於己方的方向發展。

開場白的兩大核心目標

明確目的

開場白應完成以下四項任務：

- **吸引對方注意**：當對方注意力低落時，透過引人入勝的話題或敘述，提高對方的興趣。
- **與對方建立關聯**：讓對方明白談判內容與其利益息息相關，增加其參與度。
- **展現自身權威**：若對方對談判者不熟悉，開場白應簡要介紹自身的專業背景，讓對方信服。
- **營造友好氛圍**：透過親和的語氣與開場方式，為談判建立互信與合作基礎。

組織開場白的技巧

- **運用幽默**：適度的幽默能夠緩解緊張氣氛，使談判更加輕鬆。
- **談論特殊或獨特之處**：例如提及企業的近期突破、創新技術或市場趨勢，以引發對方興趣。
- **討論共同話題**：可以談及雙方關心的產業趨勢、市場變化，或近期熱門話題，迅速建立連繫感。
- **激發對方參與**：運用鼓動性的語言，例如：「這次談判對我們雙方而言，都是一次重要的機會，讓我們攜手找出最好的解決方案。」

明確論點

開場白應為談判奠定清晰的基礎，確保對方能夠迅速理解談判的關鍵點。

預覽談判主題：例如：「今天，我們將重點討論本季度的合作條件，並探討價格與供應細節。」

避免過多資訊：認知心理學研究顯示，人的短期記憶一次只能有效處理 3～5 個論點，因此談判時應避免過於冗長的議題。

使用清楚的承接詞：如「首先，我們將討論定價策略，其次，談論交貨期，最後，確定售後服務細節。」

做階段性小結：例如：「剛才我們確認了產品規格與數量需求，接下來讓我們討論付款條件。」

結束語強調關鍵資訊：

- **總結重點**：「總結來說，我們希望能夠在價格與交貨期上找到雙方都能接受的方案。」

- **呼應開場**：「就像我剛才提到的，這次合作對雙方都有巨大潛力，希望我們能找到最好的解決方案。」
- **行動導向**：「接下來，我們可以進一步細談報價細節，以確保雙方的利益。」
- **強調對方的收益**：「如果能達成協議，我們可以提供穩定供應，讓您的業務順利運行。」

運用適當的入題技巧

談判不僅是條件的較量，更是一場心理戰。談判的入題技巧將影響雙方的談判氛圍，並確保己方在溝通中保持主導權。

(1) 開場入題的六種方式

- **間接入題**：先透過寒暄或談論雙方的企業、產業動態，逐步引導至談判主題，以降低對方戒心。
- **直接入題**：在時間有限或雙方熟悉的情況下，可直接切入核心話題，如「我們希望探討新的合作價格方案。」
- **迂迴入題**：透過自謙、介紹企業背景或談及市場情勢，間接引導至談判主題，營造順暢的對話氛圍。
- **先談細節，再談原則**：透過先討論具體執行細節，讓對方逐漸接受己方條件，最後再確立大方向。
- **先談原則，再談細節**：在大規模談判時，先確定總體合作框架，再進行細節磋商，避免過早陷入細節拉鋸。
- **從具體議題入手**：先確定會議議程，例如「今天我們的重點是確認供應鏈合作模式」，再逐步展開討論。

(2) 自然引導話題

- **利用對方的回應作為切入點**：「您剛提到對交貨期的關注，這確實是我們今天討論的重點之一。」
- **透過詢問建立話題**：「貴公司目前對市場價格的看法如何？」

在心理上掌握主動權

談判不只是條件交換，更是一場心理博弈。掌握談判主導權的關鍵在於如何影響對方的思維與決策。

(1) 充分利用對方的心理弱點

- **揭露商品的缺點**：若是買方，可強調產品的競爭缺點，為議價創造空間。
- **使用拖延戰術**：若對方急於成交，可透過拖延談判時間，讓對方主動讓步。
- **強調早成交的好處**：讓對方認知到提早成交的優勢，如資金回流、減少庫存壓力等。
- **運用迂迴戰術**：透過不同談判代表施壓或假借第三方參與，測試對方的底線。

(2) 保持談判節奏

- **控制談判時間**：避免讓對方掌握時間壓力，讓己方有更多時間做決策。
- **掌握關鍵資訊**：在談判前徹底調查對方的市場情況與內部需求，以在關鍵時刻影響對方決策。

準備好開場白:掌握成功談判的起點

成功談判的關鍵在於良好的開場

商業談判是一場策略與心理的較量,而開場白則決定了談判的基調。透過設計精準的開場白,談判者可以有效吸引對方注意、建立信任、清晰傳達論點,並掌握心理優勢。成功的談判不僅是條件的交換,更是談判者影響力與策略思維的展現。運用恰當的開場技巧與心理戰術,將能確保談判朝向有利於己方的方向發展,最終達成雙贏的合作結果。

第七章　商務談判口才

商務談判的一般模式

商務談判是一個系統化的過程，通常分為**準備階段**、**開局階段**、**實質階段**與**簽約階段**四個部分。每個階段都具有其特定的目標與策略，談判者需依據不同情境，靈活調整應對方式，以確保達成最佳交易成果。

準備階段

準備階段是談判的基礎，涉及意向評估、資訊蒐集、談判方案設計與人員組織。充分的準備可提升談判的成功率，確保在談判中掌握主動權。

(1) 建立談判意向

談判意向的確立是對談判可行性的分析，主要評估：

- **談判對象的選擇**：分析對方的信譽、實力與市場地位。
- **自身目標的可行性**：確保談判能達成企業目標。
- **市場環境與行業趨勢**：評估外部因素對談判的影響。
- **談判成功的可能性**：綜合內外部條件，決定是否啟動談判。

(2) 蒐集資訊

談判資訊的掌握程度將直接影響談判的結果，應包括：

- 對方的經營模式、業務範圍、產品品質、市場形象。
- 對方管理層與談判人員的風格、經驗與個人偏好。

- 對方地區（或國家）的文化與談判習慣。
- 對方的近期業績、市場動態與競爭對手分析。

(3) 設計談判方案

談判方案是談判行動的指南，應具備：

- **明確的談判主題與目標**：避免談判過程失焦。
- **談判要點**：包括價格、數量、付款條件等核心議題。
- **策略規劃**：

談判方式（強硬、合作、折衷）。

發言順序與關鍵問題的提問時機。

暫停與調整策略的預設方案。

(4) 組織談判團隊

談判團隊的組成至關重要，需確保成員具備相應專業能力：

- **主談者**：具備談判經驗與決策權，負責引導談判進程。
- **技術專家**：負責產品或技術條件的講解。
- **財務與法律顧問**：確保交易條款符合財務與法律規範。
- **市場分析人員**：提供競爭環境與市場動態的即時分析。
- **翻譯人員**（如有需要）：確保跨文化談判的精確溝通。

開局階段

開局階段的核心目標是創造**友好氣氛**，進行**試探與摸底**，為談判建立良好基礎。

(1) 營造談判環境

確保談判場地與食宿安排，提升專業形象與舒適度。

談判座位安排：避免讓己方處於劣勢，如確保主談者擁有視線與空間上的優勢。

(2) 建立友好關係

寒暄與介紹：增進彼此了解，降低防備心。

運用適當的開場技巧：

- **間接入題**：從天氣、行業趨勢或雙方企業近況開始談話。
- **直接入題**（適用於熟悉的談判對象）：如「我們這次主要想探討合作條件的調整方案。」
- **迂迴入題**：先討論次要話題，為主要議題鋪墊。

(3) 進行試探與摸底

讓對方先表達需求，測試其底線。

報價策略：

- **賣方先報價**：設立價格範圍，確保議價空間。
- **買方先報價**：測試賣方的心理預期，創造壓力。

實質階段

這一階段是談判的核心，主要進行**意見交換與條件磋商**，也是談判策略運用的關鍵。

(1)交流階段

明確自身需求：清楚闡述企業利益與談判條件。

聆聽對方觀點：避免直接反駁，透過詢問方式讓對方進一步闡述，掌握更多資訊。

建立雙贏氛圍：強調合作的潛在價值，而非單方面壓制對方。

(2)磋商階段

討價還價策略：

- **分步讓步**：避免一次性讓步，以保留談判空間。
- **交換條件**：如降價換取更大訂單、縮短付款期限換取優惠等。

控制談判節奏：

- **拖延策略**：當對方急於成交時，可透過拖延策略創造壓力。
- **時間壓力**：在談判即將結束時施加適當壓力，促使對方讓步。

簽約階段

談判的最後階段，雙方確認細節後正式達成協議。

(1)最終確認條件

- **審視最終報價**，確保不超出企業承受範圍。
- **確認讓步是否對等**，避免單方面吃虧。
- **記錄談判共識**，確保雙方對條件理解一致。

(2) 簽訂正式合約

檢查合約條款：

- **付款條件、履行期限**：確保交易安全與風險控制。
- **違約條款**：明確違約責任與賠償機制。
- **法律審查**：確保合約符合當地法規。

確保合約用語精確：

- **避免模糊條款**，確保責任與義務清晰。
- **避免歧義表述**，降低日後爭議風險。

談判是一場系統性競技

商務談判是一場**資訊、心理、策略與技巧**的較量，其成功取決於充分的準備、靈活的應對以及精準的條件交換。在談判過程中，應時刻掌握主導權，靈活運用開場策略、讓步原則與談判節奏控制，確保最終達成符合企業利益的最佳結果。

營造良好的談判氣氛

成功的商務談判不僅依賴談判技巧，**談判氣氛的營造**同樣至關重要。談判環境的選擇、參與者的態度與肢體語言、溝通方式、開場策略等，都會影響談判的結果。掌握這些要素，能夠在談判開始時就占據心理與戰略上的優勢。

選擇有利的談判地點

俗話說：「天時、地利、人和」，**地利**在談判中尤為重要。談判的地點直接影響談判節奏與雙方心理狀態，因此，選擇有利於己方的地點有助於掌握談判主導權。

(1) 盡量選擇己方場地

談判在己方辦公室進行最為理想，因為：

- 己方擁有場地控制權，可以設定談判節奏。
- 環境熟悉，心理上更具優勢，對方則可能感到拘束。
- 能夠輕鬆調動內部資源（如資料、人員等），快速應變。

(2) 無法選擇己方場地時，應選擇中立地點

當談判需要在第三方場地進行時，應選擇有利於己方的環境，例如：

- **高級會議室或飯店**，提升專業感，減少對方的優勢。
- **安靜、舒適的空間**，避免嘈雜影響談判專注力。

(3) 用餐地點的選擇

若談判涉及餐敘，**應選擇自己熟悉且高品質的餐廳**，因為：

- 精緻的餐飲可影響對方的心情，使其態度更為和緩。
- 用餐期間的輕鬆氛圍可促進關係建立，提升信任感。

施加談判氣氛的影響

談判者的言行、肢體語言、服裝、心理狀態等，都會影響整體談判氣氛。透過適當的表現，可塑造專業、可信賴且具優勢的形象。

(1) 表情

保持自信但不咄咄逼人，透過微笑與適當的眼神交流，展現專業友善。

觀察對方的表情，判斷其心理變化，例如：

- **緊張、避開目光**：可能是缺乏信心，或對條件不滿意。
- **頻繁點頭、微笑**：可能對目前進展滿意。

(2) 服裝

服裝應符合談判場合，展現專業形象：

- **正式場合**：深色西裝、合宜配件。
- **較為休閒的洽談**：商務休閒服，但仍需整潔得體。

若與國際客戶談判，應考慮對方的文化習慣，例如：

- 在法國、德國等地，深色正裝更受尊重。
- 在美國、瑞典等地，較為輕鬆的服飾亦能被接受。

(3) 目光

- **保持穩定的眼神接觸**,展現專注與自信。
- 目光過於飄忽或閃爍,可能使對方覺得缺乏誠意或信心。
- 西方心理學研究顯示,**談判初期的目光交流**,有助於建立對己方的信賴感。

(4) 動作

身體語言應保持開放與穩定,例如:

- **適當的手勢**:可強調論點,提升說服力。
- **避免雙手交叉於胸前**,以免顯得防備心重。
- **握手**:力度適中,表現自信,但避免過度用力,以免造成壓迫感。

(5) 個人衛生

良好的儀容與氣味管理:

口氣清新、衣著整潔、適量使用淡雅香水,避免引起對方不適。

(6) 利用媒體輿論影響談判氛圍

現代談判不僅限於會議室內,**傳播媒體的報導、社交媒體的輿論**,亦可影響談判局勢。例如:

- **企業新聞發布**:在談判前釋出己方的業務發展、優勢消息,影響對方的決策判斷。
- **行業趨勢報告**:引用有利於己方的市場報告,增強己方的議價能力。

第七章　商務談判口才

在開場時取得優勢

談判的開場階段，對雙方的心理與立場影響極大，必須**謹慎設計開場策略**，以確保談判朝有利於己方的方向發展。

(1) 觀察對方

談判初期應關注對方的肢體語言與談話方式，以判斷：

- **對方是否有豐富談判經驗**（如談話流暢、自信）。
- **對方的談判風格**（如是否習慣快速切入主題，或傾向長時間鋪陳）。
- **對方的耐性**（如是否容易表現出不耐煩）。

(2) 主動設置談判節奏

在開場階段，應先設置談判框架，例如：

「今天的會議將分為三個部分，首先討論合作模式，其次是價格，最後確認合約條款。」

透過此方式，**能夠掌握談判主導權**，避免談判過程被對方帶偏。

(3) 把握黃燈訊號

談判中若對方開始變得神經質或急躁，可能意味著他們處於劣勢。

此時，應保持冷靜，**避免急於讓步**，反而應進一步施壓，以獲取更有利條件。

採用「先聲奪人」策略

「先聲奪人」是指在談判初期便占據主導地位，以塑造對己方有利的氛圍。

(1) 先發制人

在談判開始時，主動展示己方的優勢，例如：

- **強調市場領先地位**：「根據最新市場報告，我們的產品已經拿下市場60%的占有率。」
- **展示強勢條件**：「我們目前已經有幾家大型客戶選擇與我們合作，這次談判希望能夠進一步確認合作細節。」

(2) 反客為主

若己方處於相對弱勢，可透過**設定議題、提供資料支持**，讓對方按照己方的框架談判：

「我們了解到貴公司對成本控制非常關心，因此我們提出了一個新的供應模式，可以有效降低成本。」

談判氣氛決定談判結果

談判是一場心理與策略的較量，而**談判氣氛的營造，直接影響談判的結果**。透過精心選擇談判地點、塑造專業形象、掌握談判節奏、運用先聲奪人策略，能夠確保己方在談判中始終占據優勢，最終達成符合自身利益的最佳交易方案。

第七章　商務談判口才

控制談判的注意事項

談判是一場**心理、資訊、修養、口才與風度**的較量，其目標不僅是達成協議，更要確保協議對己方有利。因此，**掌握談判節奏，控制談判進程**，是影響談判結果的關鍵。以下是控制談判時需要注意的事項。

充分準備是成功的關鍵

談判之前的準備決定了談判中的主導權。談判者需：

- **了解對方的優勢與劣勢**，包括對方的市場定位、產品優劣、財務狀況等。
- **分析談判對手的個人風格**，如其過往談判策略、個人偏好與弱點。
- **確立己方的底線與可讓步範圍**，避免在談判中因準備不足而失去優勢。
- **注意儀表與態度**，展現專業形象，避免給對方心理壓力過大，以防對方產生防備心理。

細心聆聽，掌握對方真正意圖

觀察對方的言談舉止，從語調、語速、措辭中分析對方的需求與底線。

識破「模糊表達」的陷阱，對於對方故意含糊其詞的說法，要循序追問，挖掘真相。

從細節捕捉資訊，例如：

- 當對方不願正面回答某些條款，可能表示其在這方面的彈性較大。
- 當對方強調某個優勢，可能代表這是他們最不願讓步的部分。

避免爭論，專注達成共識

談判並非競技場，無需爭論勝負，而應專注於雙方利益的最大化。

避免將談判變成情緒對抗，當談判陷入爭執時，可暫停或轉換話題，使氣氛緩和。

不流露急於成交的情緒，否則對方會利用這點施壓，使己方陷入被動。

堅持談判，不輕言放棄

談判進程中，**難免遇到僵局**，此時應耐心尋求解決方案，而非輕易妥協或退出。

雙方皆希望獲利，故妥協與讓步是必要的，但應在掌控之中。

換位思考，展現同理心，讓對方感受到你的誠意，可能會促使對方作出讓步。

為未來合作埋下契機

談判失敗時，**避免撕破臉**，保持專業態度，以利未來再談。

建立友善的關係，即使此次談判未能成功，未來仍有合作的可能。

第七章　商務談判口才

談判中的拒絕技巧

談判過程中，適當的拒絕是必要的，但應避免直接否決對方，傷害雙方的合作關係。以下幾種技巧能幫助達到婉拒的效果：

局限抑制拒絕法

強調客觀條件的限制，例如：

- 「我們的預算無法負擔這個價格。」
- 「公司政策規定，這方面的條件無法更改。」

透過不可逾越的規範來降低對方的期待，使對方知難而退。

引誘自否拒絕法

透過詢問讓對方自行推翻自己的要求，例如：

- 「這個方案如果沒有這項讓步，您認為會影響多少利潤？」
- 「如果我們今天無法達成協議，貴公司是否還有其他選擇？」

讓對方自行得出結論，降低其抗拒心理。

先承後轉拒絕法

先認同對方部分觀點,再提出己方立場,例如:

- 「您的提議確實有其合理之處,但考慮到我們的成本結構,目前無法達成共識。」

減少對方因被拒絕而產生的不滿,避免對抗情緒。

圍魏救趙拒絕法

當對方提出過分要求時,轉移話題,反過來對其施壓,例如:

- 「如果我們同意這個價格,是否能縮短交貨時間?」
- 「我們可以在價格上討論,但是否能提高服務保障?」

讓對方進入防禦狀態,減少對方對己方的強硬要求。

補償安慰拒絕法

當必須拒絕時,提供其他好處作為補償,例如:

- 「雖然我們無法降低價格,但我們可以提供額外的技術支援。」
- 「如果這個條件無法接受,我們可以考慮更長期的合作方式。」

讓對方感受到誠意,減少拒絕帶來的負面影響。

委婉暗示拒絕法

不直接說「不」，而是用暗示的方式讓對方理解，例如：

- 「這個方案的確很有吸引力，不過我們可能需要更多時間來評估。」
- 「目前我們的資源比較有限，可能不太容易實現這個條件。」

讓對方自行理解拒絕的含義，避免正面衝突。

談判的藝術在於掌控節奏

控制談判的關鍵在於**充分準備、細心聆聽、避免爭論、適時拒絕**，並確保談判過程保持理性與專業。透過適當的技巧，談判者可以有效掌控局勢，最終達成雙贏的結果。

商務談判致勝的原則

成功的商務談判需要**策略與技巧並行**，除了談判內容，**心理戰、環境掌控、發言時機**等細節也決定了談判結果。以下是幾項能夠幫助談判者在談判中取得優勢的重要原則。

選擇有利的談判地點

主場作戰，掌握優勢：最佳的談判地點是己方的辦公室，因為在熟悉的環境中，己方較容易掌控節奏，並且對談判氛圍有更大的影響力。

若須選擇中立地點，應精心挑選：例如選擇己方熟悉的場合或擁有較多資源的地點，使自己能擁有更多話語權。

若安排用餐洽談，應選擇優質餐廳：環境與食物的品質可能會影響談判對方的心情，進而影響決策。因此，適當的餐飲安排能夠為談判帶來潛在的優勢。

不要有問必答

掌握談判節奏，避免落入對方陷阱：對方的問題往往帶有引導性，因此談判時不宜逢問必答，而應依情況調整回應方式。

回答前，先給自己思考的時間：不要急於回應，應該思考問題的真正意圖，然後決定最佳的應對方式。

學會適時避開問題：

- 以資料不足為由暫時拖延。
- 反問對方,讓對方先解釋自己的問題,進而暴露其立場與意圖。
- 若問題對己方不利,可巧妙轉移話題或僅回答其中的一部分。

尋找適度點

成功的談判在於讓雙方都能接受:談判的目標不是完全擊敗對方,而是讓對方願意接受己方的條件,因此應找到對方能夠接受的「適度點」,促使談判順利進行。

透過深入分析對方立場,找出最合理的讓步點:透過理解對方的真正需求,設計一個讓對方覺得「雖然有讓步,但仍有所得」的條件。

掌握火候

適時出手,避免時機不對：

- **時機過早**:條件尚未成熟,對方可能不願妥協。
- **時機過晚**:談判氣氛可能已僵化,錯過最佳成交時機。

等待對方進入心理準備狀態:當對方已開始考慮讓步或有較大談判壓力時,即是最佳的「出手時機」,此時提出條件最可能被接受。

採取迂迴戰術

對於非核心問題，不必正面糾纏：可以繞過枝節問題，集中精力攻克主要議題，以免因小問題拖延整體進度。

對於僵局問題，採取「包抄戰術」：

先處理周邊問題，降低對方的抗拒心理，最後再回到核心議題。

若對方在某個條件上堅持己見，可轉而討論其他條件，讓對方在其他方面先作出讓步，為後續關鍵讓步鋪路。

靈活應對，步步為營

成功的談判**不只是口才較量，更是策略運用**，透過掌控談判地點、精準應對提問、適時讓步、掌握時機，以及運用迂迴策略，可以有效提升己方的談判優勢，使談判結果達到最佳平衡點。

第七章　商務談判口才

談判讓步的原則

在商務談判中，讓步是雙方互相調整立場，以促成交易的重要策略。有效的讓步不僅能夠促進合作，還能幫助己方在談判中獲得更多利益。讓步並非單純的退讓，而是**一種策略性妥協**，需要謹慎運用，以確保自身利益不受損害。以下是談判讓步的重要原則與關鍵時刻的策略運用方式。

讓步的一般原則

(1) 讓對方在重要問題上先讓步

如果需要讓步，應該讓對方在關鍵問題上先行讓步，己方可以在較小的問題上適度退讓，以交換對方更實質的妥協。

(2) 讓對方付出努力才獲得讓步

談判中的讓步應該是有價值的，而非輕易給出的。讓對方覺得每次獲得讓步都經過艱苦努力，這樣對方才會珍惜已獲得的利益，而不會得寸進尺。

(3) 讓步應該是策略性的

不要過快或無謂地讓步，讓步應該是經過計算的，以換取對方相應的讓步。

每一次的讓步應該帶來實質回報，否則便是單方面的損失。

(4) 讓步不一定要完全對等

互相讓步並不意味著對等讓步，因為談判雙方的條件不一定公平。

在有利條件下，即使己方讓步 60%，對方可能僅需讓步 40%，甚至可能是一些不影響對方利益的小讓步。

(5) 讓步應該循序漸進

讓步時應該逐步進行，每次讓步應該逐漸縮小幅度，使對方感覺獲得讓步愈來愈難，從而珍惜已獲得的利益。

讓步時應避免一次性讓步過大，以免對方誤以為己方可進一步妥協。

(6) 必要時勇敢說「不」

如果某些條件無法讓步，應該果斷拒絕，而不需擔心影響談判氣氛。

若發現自己讓步過度，也可以考慮收回，因為談判仍在進行，一切仍有討論空間。

(7) 讓步應該讓在關鍵點上

讓步應該是有策略的，而非無條件退讓。例如：

以較小的讓步換取對方較大的讓步。

在談判的初期保持強硬立場，之後在非關鍵問題上適度讓步，避免核心利益受到損害。

(8) 控制讓步的次數和節奏

讓步應該是逐步進行，而不是一次性給出最大的讓步空間。

讓步過於頻繁或幅度過大，容易導致對方得寸進尺，甚至讓己方在談判中喪失主導權。

第七章　商務談判口才

關鍵時刻的讓步原則

(1) 保留談判的餘地

無論是買方還是賣方，都應該為自己留下討價還價的空間：

- **買方**：最初的出價應儘量低，以保留讓步空間。
- **賣方**：開價應稍高於期望價格，以便在讓步時仍能確保獲利。

(2) 讓對方先表態

談判時，應盡可能讓對方先提出條件與需求，這樣己方才能評估對方的立場，再決定如何讓步。

(3) 適度讓步

優先讓步於較小的問題，而在重大問題上堅持己方立場。

若讓步不可避免，應確保獲得對方相應的回報，避免單方面吃虧。

(4) 不要輕易讓步，應該讓對方努力爭取

讓步應該讓對方覺得來之不易，這樣才能讓對方更珍惜已獲得的利益。

在對方未付出努力前，切勿主動讓步，避免喪失談判優勢。

(5) 記住己方的讓步紀錄

應該詳細記錄己方的讓步次數與程度，避免讓步過多，導致談判結果不利。

注意：先讓步的人往往是談判的劣勢方，因此應避免在關鍵問題上過早讓步。

(6)適時採取「理論讓步」

- **買方**：應避免過早讓步，而是應該讓對方主動提出價格範圍，以保留更多討價還價的空間。
- **賣方**：在談判初期應該堅持高價，但當發現對方態度較為強硬時，可逐步讓步，以保持成交的可能性。

讓步應該是策略，而非單純的退讓

在談判中，讓步是不可避免的，但**如何讓步、讓多少、何時讓步**才是決定談判成敗的關鍵。透過謹慎規劃讓步策略，談判者可以在確保己方利益的同時，促成交易並建立長期合作關係。

第七章　商務談判口才

如何走出談判圈套

商務談判是一場心理與策略的較量，過程中充滿變數與挑戰。許多人在談判中落入陷阱，使得談判失去主導權，甚至導致失敗。因此，掌握正確的方法與技巧，才能在談判中取得優勢並促成成功的協議。以下是幾種有效的策略來避免談判圈套。

原則性與靈活性相結合

談判成功的關鍵在於**堅守原則與靈活應對的平衡**。在核心利益問題上，堅持立場，但在次要問題上保持彈性，以換取更多讓步與合作空間。

(1) 掌握靈活讓步的策略

在不影響根本利益的前提下，適當調整談判條件，如付款方式、交貨時間、附加條款等，以換取對方更大的讓步。

例如：在價格談判中，可透過「配套產品折扣」或「增加額外服務」來平衡對方的需求。

(2) 控制談判節奏

避免急於成交，以免陷入對方的圈套。

根據對方的反應調整策略，當對方讓步過快時，要警惕是否另有企圖。

(3) 避免「非贏即輸」的心態

商務談判的目的應是「雙方共贏」，而非單方面獲利。

不要將對方逼入死角，以免對方拒絕合作或對未來交易產生不信任。

解決談判過程中的問題

在談判中，各種不可預測的狀況經常發生，因此需要靈活應變並尋找最佳解決方案。

(1) 隨時關注討論重點

透過適時總結已達成的共識，確保談判不會陷入無止境的拉扯。

若對方不斷重提已達成的議題，應提醒對方談判已進入下一階段，以避免無謂的爭論。

(2) 兼顧客戶需求與自身利益

站在客戶角度思考，以建立長遠的合作關係。

但同時避免過度讓步，導致自身利益受損。

(3) 針對買賣雙方利益尋找最佳解決方案

若遇到對方態度強硬，可透過「假設性提案」來探測對方底線，例如：「如果我們可以提供更長的付款期限，那麼你們是否願意接受我們的報價？」

(4) 最棘手的問題留到最後

先解決較簡單的問題，以累積談判進展的「勢能」，讓對方建立合作的意願與信任。

最終再處理困難的議題，此時對方較願意作出讓步，以求談判順利結束。

(5) 讓步要循序漸進

起點要高，讓步要慢：不應一次讓步過大，而應分階段讓步，確保談判節奏在己方掌控之中。

避免感情用事：對方可能透過施壓或憤怒來迫使己方讓步，但須保持冷靜，避免被對方的情緒牽制。

避免談判中的情緒勒索

在談判中，對方可能會運用情緒施壓，使己方做出不必要的讓步，應學會應對這些策略。

(1) 三種應對技巧

- **迴避法**：當對方情緒激動時，可提議休會，讓彼此冷靜後再進行談判。
- **沉默應對**：當對方咆哮時，保持安靜聆聽，避免過多回應，以降低情緒衝突。
- **直面挑戰**：若對方持續施壓，可直接表明「這樣的態度不會改變我們的立場」，並引導對話回歸理性。

保持談判機密

談判中的資訊具有極高的價值，因此須確保談判資訊不外洩，以免影響談判結果。

(1) 保密措施

- 限制談判資訊的知情人數，確保只有必要人員能夠接觸機密資訊。

- 避免不必要的文件流通，確保重要文件受到妥善保管。
- 在談判場所選擇上，避免在可能被監聽或錄音的地方進行談判。
- 若發現任何可疑的情況，例如會議室內部物品被更動，應提高警覺，避免情報外洩。

(2) 避免過度透露己方底牌

在談判過程中，不要過早透露自己的最終底線，應該透過談判來測試對方的反應，再決定策略。

例如：在價格談判中，不要急於報出最低價格，而應透過對方的反應來判斷其接受範圍。

緩解談判緊張氣氛

談判過程可能會因為衝突或壓力而變得緊張，適當的氣氛調節有助於促進談判進展。

(1) 適時運用幽默

在緊張時刻，適當的幽默能有效緩解壓力，使雙方更容易接受新的解決方案。

例如：「我們現在的狀況有點像兩個人拿著地圖，卻走進了迷宮，不如我們先找條出路吧！」

(2) 避免無謂爭論

若談判陷入僵局，可嘗試轉換話題，避免長時間糾結於無法解決的問題。

例如：「我們似乎在這個問題上難以達成共識，不如先談談其他細節，看看能否找到更好的方案？」

(3) 避免過長的談判

馬拉松式的談判容易讓雙方精疲力竭，導致決策品質下降，因此應設定合理的談判時限。

若談判進展緩慢，可提議休息，以便雙方重新整理思路。

掌握談判技巧，走出談判陷阱

商務談判是一場智慧與策略的較量，成功的關鍵在於**掌握原則與靈活應對、控制情緒、確保機密、營造良好氛圍**，並透過適當的談判策略，確保己方在談判中取得最佳成果。透過這些方法，談判者可以有效避免陷阱，提升談判效率，並促成雙方共贏的合作結果。

談判陷入僵局時的應對策略

商務談判的目標是互利共贏，透過洽談與磋商達成合作與交易。然而，談判過程中難免會遇到僵局，即雙方在某些問題上各持己見，互不讓步，導致談判停滯不前。這種對峙狀況對雙方均無益，因此，需要採取有效策略來打破僵局，使談判重新回到正軌。

轉移主題，緩和氣氛

當談判陷入僵局，雙方不願讓步時，與其正面衝突，不如暫時轉移話題，創造新的討論空間。

- **轉換話題**：談論較輕鬆的話題，如天氣、新聞或行業趨勢，以減少談判壓力。
- **運用幽默**：適時的幽默能緩解緊張氣氛，使雙方重新思考談判的核心價值。
- **引導共同利益**：提醒雙方談判的目標是互惠合作，而非爭論誰輸誰贏。

舉例：當雙方在價格問題上無法達成一致時，可以暫時轉向交貨方式或售後服務等議題，待達成共識後，再回頭討論價格問題。

採取最後通牒策略

當對方對關鍵議題遲遲不願讓步時，可透過最後通牒法來增加壓力，迫使對方做出決定。

- **表達明確立場**：「這是我們能提供的最優惠條件,如果無法接受,我們可能需要考慮其他選擇。」
- **設定期限**：「我們需要在三天內確認,否則我們可能需要將資源投入其他專案。」
- **提高對方的緊迫感**:讓對方認知到談判破裂的後果,促使其重新考慮。

注意：

- **最後通牒不宜濫用**,否則會顯得強硬無禮,可能反而激怒對方,導致談判破裂。
- 最好留有**迴旋餘地**,以便日後仍有機會重啟談判。

亮底求變,創造新談判條件

當談判陷入僵局時,可以適當透露一些己方的困難與限制,讓對方理解並考慮新的解決方案。

- **重新檢視談判條件**,看是否有可以重新調整的空間。
- **展現誠意**,如:「我們目前資金有限,無法提高價格,但我們可以提供更靈活的付款方式。」
- **引發對方的共鳴與合作意願**,讓對方覺得自己在幫助談判順利進行,而不是單方面讓步。

應用情境：如果供應商無法接受價格調整,可以提出增加訂單數量或延長合約期來達成雙方都能接受的條件。

談判陷入僵局時的應對策略

善用第三方介入

當雙方僵持不下時，邀請第三方參與可能會成為破局的關鍵。

- **尋求專業顧問或仲裁人**來提供客觀建議，促使雙方達成共識。
- **利用市場資料與行業標準**來支撐己方立場，使談判更具說服力。
- **讓上層管理介入**，有時決策層的加入能促成談判突破。

採取雙方妥協策略

當僵局難以突破時，**雙方適當讓步**是促成談判成功的重要策略。

- **各退一步**：「如果我們能降低部分價格，你們是否願意增加訂單量？」
- **交換條件**：讓步時要求對方做出相應回應，以保持談判的平衡。
- **創造雙贏結果**：「我們可接受較長付款期，但你們能否提供額外的技術支持？」

避免盲目讓步：

- 讓步應保留對等原則，避免單方面犧牲己方利益。
- 每次讓步都應換取對方的回應，讓對方珍惜這次機會，而非認為可以進一步施壓。

第七章　商務談判口才

重新審視談判策略

如果僵局持續無法打破，可以考慮暫停談判，回顧己方的策略是否有調整空間。

- **檢視己方底線**，是否過於堅持某些條件，導致對方難以接受？
- **分析對方心理**，找出可能影響談判的因素，例如對方是否有內部壓力或政策變動？
- **尋找替代方案**，是否可以提供其他條件來取代目前的僵持點？

例如：如果談判無法達成共識，是否可以將交易拆分，先完成一部分合作，再視情況進行後續討論？

靈活應對，突破僵局

談判僵局是商務談判中的常見現象，如何突破關鍵卡點，取決於談判者的智慧與應變能力。當談判陷入僵局時，不應急於放棄，而應透過**轉移主題、最後通牒、亮底求變、尋求第三方協助、雙方讓步與策略檢視**等方法來找到新的突破點。透過靈活應對與策略調整，最終促成談判成功，達成雙方互惠共贏的結果。

對手背景資訊研究：全球商務談判風格解析

在國際商務談判中，了解對手的文化背景、談判風格與價值觀至關重要。不同國家的歷史、社會習慣與商業倫理影響著談判的方式，因此談判者需具備靈活應對各國文化差異的能力，才能有效提升談判的成功機率。以下針對幾個主要經濟體的談判文化進行分析。

歐洲談判文化

重視信任與禮儀

與歐洲談判時，首要原則是建立信任。歐洲企業重視法律規範，談判過程中律師常扮演重要角色，確保雙方合約的合規性。若未能贏得對方的信任，即使交易本身具吸引力，仍可能無法順利達成共識。

等級觀念與決策保守

歐洲企業的決策層通常較年長且審慎，不會輕易承諾或冒險，這使得談判過程可能較為冗長。此外，歐洲商務環境重視禮儀，若在談判場合中出現失禮行為，可能影響合作關係的發展。

法國談判文化

彈性時間觀念

法國談判者對時間管理的標準較為寬鬆，他們自身可能無法嚴格遵守時間，但對於對手遲到卻可能反應冷淡。因此，談判時須保持耐心，但仍應謹慎避免遲到。

服裝與社交禮儀

法國人對服裝品味極為講究，正式談判場合應確保衣著得體，以符合專業形象。此外，法國人對假期極為重視，8月分為全國度假期，此時談判極難進行，應避開此時段安排商業會談。

談判風格

法國談判者熱衷於辯論，並常利用談判來展現其學識與口才，因此談判過程可能冗長且充滿爭論。建議在尊重其風格的同時，適時引導對方回歸談判主題，以確保進程順利。

義大利談判文化

情感化溝通

義大利人熱情且富有表現力，談話時常伴隨大量手勢，情緒起伏較大。理解並適應這種表達方式有助於建立良好關係。

時間觀念較鬆散

與義大利人談判時，建議事前確認會議時間，避免因臨時變更影響行程安排。

德國談判文化

嚴謹與務實

德國談判者以嚴謹和精確著稱，事前準備相當充分，並對資料與合約條款極為重視。若談判對手準備不足，德國人可能認為缺乏誠意，影響合作關係。

堅持條件

德國談判風格較為僵硬，報價通常為最終價格，討價還價的空間有限。他們注重細節，一旦簽約後，便嚴格履行合約，避免隨意變更條款。

美國談判文化

直接且自信

美國談判者性格開朗、直率，重視實質利益，習慣開門見山地提出需求與條件。他們擅長討價還價，並對大宗交易特別感興趣。

結果導向

美國人偏好高效率、迅速達成協議，因此談判時應重視具體成果，避免過度冗長的溝通。

阿拉伯談判文化

尊重宗教與文化

伊斯蘭教深植於阿拉伯文化中，因此談判時需避免對宗教、婦女與社會傳統做出不當評論，以免觸犯禁忌。

強調人際關係

阿拉伯人重視建立個人關係，談判初期通常需花較長時間培養信任與友誼，待關係建立後才會正式進入商談。談判者應展現耐心，並重視社交互動。

第七章　商務談判口才

日本談判文化

謹慎與耐心

日本談判風格較為保守，決策過程需要層層討論，因此談判通常較為冗長。他們擅長運用「拖延戰術」來測試對方耐心，建議談判者保持冷靜，避免落入對方策略陷阱。

重視團隊決策

日本企業強調集體決策，談判時需取得多方同意，與高層人士建立良好關係有助於談判進展。

如何應對不同文化的談判風格

成功的國際談判不僅取決於策略與條件，更取決於對文化差異的理解與適應。針對不同國家的談判風格，談判者應具備：

- **靈活應變**：根據對手文化調整談判策略，如美國人重視效率，德國人嚴謹保守，日本人注重長期合作。
- **尊重與禮儀**：避免觸犯文化禁忌，如阿拉伯國家的宗教信仰、法國人的服裝品味等。
- **建立信任**：部分國家（如歐洲、阿拉伯、日本）在建立信任後才願意進一步談判，應投入時間培養人際關係。
- **掌握溝通技巧**：應對法國人的辯論、義大利人的情緒化表達、美國人的直接風格，需靈活運用適當的溝通方式。

透過充分的文化研究與談判準備，能夠提高跨文化談判的成功機率，促成更穩固的國際商業合作。

商務談判的五大基本功：提升談判技巧的關鍵要素

在商務談判中，除了策略與條件的精準掌握，談判技巧與心理素養更是決定談判成敗的重要因素。以下五大基本功可作為談判者提升自身實力的關鍵指引。

保持沉默：善用沉默的力量

沉默是談判中一項強而有力的策略。在緊張的談判過程中，適時保持沉默不僅能讓對方感受到壓力，也能給自己爭取時間來思考應對策略。許多談判者習慣在氣氛尷尬時急於打破沉默，然而有時沉默反而能促使對方主動讓步或提供更多資訊。適當的沉默能展現專業與自信，使對方無法輕易掌握你的底牌。

耐心等待：時間是最佳盟友

談判並非一場短跑，而是一場耐力賽。時間的流逝往往能帶來局勢的變化，有時耐心等待比過早行動更具戰略價值。例如：當對方因急於成交而放鬆立場時，耐心等待能讓你在更有利的條件下達成協議。此外，在談判過程中，有時一時的僵局並不代表失敗，而是需要時間讓對方冷靜思考，甚至讓市場環境為談判帶來新的契機。

第七章　商務談判口才

適度敏感：精準解讀對手心理

成功的談判者必須具備敏銳的觀察力與同理心，能夠洞察對方的情緒與潛在需求。例如：美國知名企業家萊夫遜曾在會面時主動詢問對方對自己辦公室的看法，展現出對細節的敏感度，並利用這種互動來評估對方是否具備與自己合作的價值觀與理解力。在談判中，敏感度不僅能幫助你掌握對手的心理變化，也能讓你適時調整策略，增加談判的成功率。

隨時觀察：透過非正式場合掌握關鍵資訊

談判不僅限於會議室內，許多關鍵資訊往往來自非正式的交流場合，如商業聚會、餐會或休閒活動。例如：透過一起打高爾夫或共享一頓晚餐，可以觀察對方的個性、興趣與決策風格。這些細節可能成為日後談判中的重要參考依據，幫助你更精準地制定策略。因此，談判者應善用社交機會，從對手的言行舉止中蒐集有價值的資訊。

親自露面：展現誠意與決心

在商務世界中，面對面的溝通比任何電子郵件或電話聯絡都更具影響力。親自參與談判不僅能提升對方對你的信任感，也能展現你的誠意與重視程度。例如：與客戶親自見面談合作，遠比僅寄送提案來得有效，因為現場互動能讓你即時應對問題、建立更深層次的關係。就如同探病時，親自前往探視比單純寄送慰問卡更能表達關懷與尊重。

綜合應用五大基本功,提升談判影響力

談判是一門融合心理學、策略與溝通藝術的綜合學問。透過沉默、耐心、敏感、觀察與親自露面這五大基本功,談判者能更有效地掌控談判節奏、影響對手決策並提升合作機會。在談判場域中,最終的勝利往往屬於那些能夠精準解讀局勢、靈活應對變化並展現誠意與決心的人。

說話致勝，完美掌控局勢的「領袖級口才」：

提問說理 × 交際應酬 × 引薦祝賀 × 規勸拒絕，從簡單表達到深度溝通，面對各種尷尬場合皆能應對自如

作　　　者：	李承遠
發　行　人：	黃振庭
出　版　者：	財經錢線文化事業有限公司
發　行　者：	崧燁文化事業有限公司
E - m a i l：	sonbookservice@gmail.com
粉　絲　頁：	https://www.facebook.com/sonbookss/
網　　　址：	https://sonbook.net/
地　　　址：	台北市中正區重慶南路一段61號8樓

8F., No.61, Sec. 1, Chongqing S. Rd., Zhongzheng Dist., Taipei City 100, Taiwan

電　　　話：	(02)2370-3310
傳　　　真：	(02)2388-1990
印　　　刷：	京峯數位服務有限公司
律師顧問：	廣華律師事務所 張珮琦律師

-版權聲明-

本書作者使用 AI 協作，若有其他相關權利及授權需求請與本公司聯繫。

未經書面許可，不得複製、發行。

定　　　價：520 元
發行日期：2025 年 04 月第一版
◎本書以 POD 印製

國家圖書館出版品預行編目資料

說話致勝，完美掌控局勢的「領袖級口才」：提問說理 × 交際應酬 × 引薦祝賀 × 規勸拒絕，從簡單表達到深度溝通，面對各種尷尬場合皆能應對自如 / 李承遠 著．-- 第一版．-- 臺北市：財經錢線文化事業有限公司, 2025.04
面；　公分
POD 版
ISBN 978-626-408-236-5(平裝)
1.CST: 說話藝術 2.CST: 口才 3.CST: 溝通技巧
192.32　　　　114004219

電子書購買

爽讀 APP　　　臉書